Col volto reclinato sulla sinistra

**la rubrica settimanale di Girodivite
"Il quadro della settimana" dal 2012 al 2014**

di Orazio Leotta

ZeroBook 2015

Il quadro della Settimana

Tutto inizia nel 2012. Troviamo scritto nel primo "quadro" pubblicato il 17 luglio 2012:

"Dopo il successo della rubrica "La poesia della settimana", lanciamo questa nuova rubrica con la speranza riscontri l'apprezzamento dei nostri lettori. Ancora una volta, Girodivite prova da queste pagine a rilanciare, se ce ne fosse bisogno, il gusto dell'arte e della cultura, in ogni sua espressione. Inauguriamo la rubrica con il pittore spagnolo Diego Velazquez de Silva"

Era per noi un piccolo esperimento, verificare se era possibile fare divulgazione d'arte attraverso un mezzo, un po' distratto e un po' tutto proiettato sull'avvenimento, come il web. Pensavamo: vediamo come butta, se per caso ci saranno più di venti lettori magari ci riproviamo e continuiamo con un altro "quadro". E così è cominciato, una cosa che pensavamo non riuscisse a durare neppure per un paio di articoli, è invece durato oltre due anni. Con un pubblico costante di lettori, non due né venti ma mediamente 1500 / 2000 per ogni "quadro". Segno di una attenzione e un interesse vero dei lettori. L'interesse a dire il vero anche di Google, che a un certo punto ha deciso di bloccare la pubblicità al nostro sito - noi siamo uno dei tanti sitarelli che hanno nelle proprie pagine il circuito banner di Google in cambio degli spiccioli che ci servono per pagarci il canone di abbonamento del database e lo spazio sul web - a causa della presenza di immagini sconce su Girodivite. Sconcertati, andiamo a verificare le pagine: e Google indica proprio le pagine d'arte della nostra amata rubrica come responsabile dell'azione di censura. Abbiamo scelto, invece di mettere i mutandoni ai quadri del Cinque e del Seicento, di porre le pagine della rubrica al di fuori del circuito banner di Google e riprendere così la nostra normale attività. Ed è interessante come in pieno della cosiddetta "era Internet" possano continuare (in Italia, perché la decisione è propria di Google Italia) logiche censorie che rimandano ad ere che falsamente consideriamo "preistoriche".
E mentre in Italia si scorreva da un governo a un altro - prima quello delle donnine allegre e dei ristoranti pieni, poi quello della cinghia che doveva stringersi attorno alla vita dei più deboli, poi il governo dei tranquilli, fino al governo dei furbi - e nel mondo le cose si mettevano sempre più male - **Orazio Leotta** con invidiabile sangue freddo e consapevolezza, anche supportato dalla Redazione di Girodivite e da **Piero Buscemi** (che nell'estate del 2013 ebbe la sfrontatezza di firmarsi Benni Ennici pur di pubblicare anche lui all'interno della rubrica, complice una breve vacanza dell'amico), andava avanti nella sua impresa. Che non era solo segnare il dito per puntarlo su un "quadro" di settimana in settimana diverso, ma soprattutto era un puntare l'attenzione sull'essenza di alcuni valori - formali, pittorici, figurativi -, dopo che i valori della parola e del

ragionare sembrano andare ramenghe. "Anche l'occhio vuole la sua parte" si dice, e attraverso l'occhio il nutrimento dell'interiorità, quel "dentro" che è in ognuno di noi e che ci rende unici.

Sergio Failla

Questa antologia esce a cura della casa editrice ZeroBook. Per info: zerobook@girodivite.it
Le immagini sono tratte dal web e si intendono di libero dominio.
In copertina: Flora, di Tiziano.

Versione cartacea: ISBN 978-88-6711-024-7

Si ringrazia Francesca Sidoti per la parte relativa alla bibliografia di approfondimento.
Per i materiali sottoposti a diversa licenza si prega rispettare i relativi diritti. Per il resto, questo libro esce sotto Licenza Creative Commons 2,5 (libera distribuzione, divieto di modifica a scopi commerciali, si prega citare la fonte...).

Sommario

Col volto reclinato sulla sinistra:
Il quadro della settimana

di Orazio Leotta

ZeroBook 2015

Las Meninas, di Velazquez

Las Meninas (La famiglia di Filippo IV o Le Damigelle d'onore) Autore: Diego Velazquez de Silva (Siviglia 1599 – Madrid 1660) Anno: 1656 Tela, 316 x 276 cm

martedì 17 luglio 2012

Dopo il successo della rubrica "La poesia della settimana", lanciamo questa nuova rubrica con la speranza riscontri l'apprezzamento dei nostri lettori. Ancora una volta, Girodivite prova da queste pagine a rilanciare, se ce ne fosse bisogno, il gusto dell'arte e della cultura, in ogni sua espressione. Inauguriamo la rubrica con il pittore spagnolo Diego Velazquez de Silva.

Il dipinto, ambientato nello studio di Velazquez ubicato nell'Alcazar di Filippo IV a Madrid, ritrae l'infanta Margarita, la figlia maggiore della nuova regina (Marianna di Austria), circondata dalle sue dame di corte, da una nana, da un mastino e da altri membri della corte spagnola. Velazquez si trova di fronte al suo cavalletto.

Las Meninas (dalla parola portoghese menina, che significa damigella d'onore) è più che un ritratto; è il ritratto di un autore che esercita la sua arte. Si può leggere come una trasposizione in pittura della dignità intellettuale dell'arte. Velazquez era molto onorato della sua privilegiata condizione a corte e deve aver assimilato gran parte del trattato "El Arte de la Pintura", scritto dal suocero, Francisco Pacheco, sulla nobiltà della pittura.

Conseguentemente egli dipinge anche il re e la regina che sono chiaramente presenti come testimoni del pittore nella pienezza dell'atto creativo. L'artista si presenta al tempo stesso in posa, per dimostrare che la pittura non solo richiede azione ma anche riflessione. Le figure del quadro sembrano sorprese, ne viene colta l'istantaneità, cosa che gli impressionisti e soprattutto Degas faranno duecento anni più tardi. Da notare anche la straordinaria magia dello spazio circostante: l'ingegnosa capacità che aveva Velazquez di evocare lo spazio era già evidente in opere precedenti come "I Bevitori" e "La Resa di Breda" ma qui, con la tecnica di collocare il re e la regina riflessi in uno specchio, amplifica l'ordine spaziale del quadro per includere finanche lo spettatore.

L'opera raggiunge la compiutezza della finzione o la magia spaziale barocca, ed è una manifestazione singolare del potere dell'arte tanto per comunicare quello che è reale come per immaginare quello che non lo è in natura. Un'ulteriore originalità del quadro sta nel ribaltamento del punto di vista: nei ritratti ciò che in genere vediamo è l'immagine dal punto di vista di chi dipinge (il pittore), in questo caso ciò che vediamo è l'immagine vista da chi è dipinto (i sovrani in posa). E' come se fossero loro a realizzare il quadro e non viceversa. E' conservato al Museo del Prado di Madrid.

Cristo alla Colonna (1475-1479), di Antonello da Messina

Cristo alla colonna 1475-1479: di Antonello da Messina
Tipologia: Dipinto
Materiale/tecnica: Olio su tavola
Misure: 29,8 x 21 cm
Nelle collezioni dal 1992
Locazione: Louvre

martedì 24 luglio 2012

L'acquisto di questa piccola tavola ha permesso al Louvre di aggiungere all'importante raccolta dei dipinti italiani un'opera di grandissima suggestione assegnata alla fase conclusiva dell'artista siciliano, geniale innovatore ed esempio imprescindibile per l'intera pittura rinascimentale. L'esiguità delle dimensioni del dipinto è inversamente proporzionale all'imponenza monumentale del Cristo coronato di spine addossato alla colonna della flagellazione, con lo sguardo rivolto al cielo.

L'iconografia deriva da quella dell'Ecce Homo, il Cristo esibito davanti alla folla, la dopo la flagellazione e dopo che su capo gli è stata posta la corona di spine di cui Antonello da Messina e la sua bottega hanno lasciato numerose versioni. Nel Cristo alla colonna sono dunque condensati varie fasi della narrazione evangelica per dare luogo a un'immagine devozionale efficace, la cui forza espressiva è resa ancora più impressionante dal close-up della presentazione, dal punto di vista da sotto in su del viso riverso all'indietro, con i dettagli quasi iperrealisti - di un'evidenza che supera quella dei fiamminghi - delle lacrime e delle gocce di sangue, dell'ombra portata dalla corda, del nodo aggettante che doveva creare l'effetto di un volume reale appoggiato alla cornice del dipinto.

Il Bacio, di Francesco Hayez

Olio su tela, 112 x 88 cm.
▸ 1859. Ubicato nella Pinacoteca di Brera

martedì 31 luglio 2012

Capostipite di tutti i baci-icona, al dipinto possono essere date diverse chiavi di lettura. Intanto rappresenta il simbolo della nuova alleanza intervenuta tra Francia e Italia a seguito degli accordi di Plombieres: i colori delle bandiere di Italia e Francia si incrociano; l'uomo che ha un cappello verde così come è verde il risvolto del mantello oltre il rosso della calzamaglia, abbraccia la donna interamente ammantata d' azzurro con le maniche bianche della veste. Il quadro altresì nel rappresentare un intimo atto amoroso punta l'indice sui nuovi ideali risorgimentali (l'impeto, la passione, l'amore puro, l'ardore della gioventù). Sentimento puro e naturalezza, che fanno trasudare sensualità. Hayez rappresenta l'uomo con un piede sullo scalino e ciò trasmette nello spettatore l'idea che lui se ne stia andando: questo particolare rende ancora più sensuale ed emozionante la vista, perché dà l'idea della priorità della ricerca del gesto passionale ancor prima di ogni altro impegno preso o azione da eseguire.

I corpi sono simmetricamente in posizione da assecondarsi vicendevolmente, con l'uomo che divarica leggermente le gambe e con la donna, che inclinandosi sensualmente, si lascia avvolgere e sembra "gradire" l'audacia dell'uomo. In principio fu "Il Bacio" di Hayez, ma altri baci famosi sono stati immortalati da quel momento fino ai nostri giorni col significato di intenso e privato momento di tenerezza che si isola dal resto del mondo. Celebre a tal proposito il bacio di Times Square, immortalato da Alfred Eisenstaed, momento simbolo della fine della seconda guerra mondiale (1945).

Un marinaio baciava una giovane donna americana, nei momenti susseguenti all'annuncio del presidente Truman che il Giappone era stato sconfitto. La foto fu pubblicata dal settimanale Life. Poi c'è "Il bacio di Vancouver": in mezzo alla guerriglia urbana scatenatasi tra opposte tifoserie di squadre di Hockey su Ghiaccio (Canucks di Vancouver vs. Bruins di Boston, finale di Stanley Cup, Giugno 2011) due fidanzati, incuranti di ciò che sta avvenendo a poca distanza da loro si baciano distesi a terra e il loro sembra un invito del tipo "fate l'amore, non fate la guerra".

Identificati nei giorni successivi, i due giovani rispondono ai nomi di Scott Jones, studente universitario nell'Ontario e della sua fidanzata, la canadese Alex Thomas. In ultimo facciamo cenno al bacio di Doisneau (Le baiser de l'Hotel de Ville),immortalato nel 1950, davanti al Municipio di Parigi. Erano i tempi di Edith Piaf, Juliette Greco, del Cafè de Flore. Il bacio in questione fece ben presto il giro del mondo ed è l'immagine d'amore più sfruttata in cartolina. Peccato che il fotografo, rivelò al mondo intero, che i due amanti non erano dei veri innamorati, ma furono all'uopo assoldati per il celebre scatto.

Francesco Hayez (1791-1882) ebbe una formazione giovanile neoclassica. Originario di Venezia, nel 1809 si trasferì a Roma dove entrò in contatto con Antonio Canova di cui divenne amico ed allievo. Trasferitosi a Milano nel 1820, in questa città raccolse l'eredità del maggiore pittore neoclassico italiano: Andrea Appiani. Il suo stile pittorico si formò di un linguaggio decisamente neoclassico che non perse mai neppure nella sua fase romantica. Il suo romanticismo è infatti una scelta solo tematica. Nel 1820 realizzò il suo primo quadro di ispirazione medievale «Pietro Rossi prigioniero degli Scaligeri» che venne considerato il manifesto del romanticismo italiano. Due anni dopo realizzò il quadro de «I Vespri siciliani». La sua produzione, oltre ai temi storici, fu proficua anche nel genere dei ritratti. Dal 1850 diresse l'Accademia di Brera, divenendo un personaggio di spicco dell'ambiente culturale milanese.

Giovane Mendicante, di Bartolomé Esteban Murillo (Siviglia 1617-1682)

Olio su Tela.
1645-1650.
cm 134 x 110.
martedì 7 agosto 2012

Capolavoro della collezione spagnola del Louvre, il giovane mendicante è il primo dipinto di Murillo che entrò nelle collezioni reali francesi (acquistato personalmente da Luigi XVI nel 1782). L'interesse di Murillo per le rappresentazioni profane e, particolarmente, per quelle dedicate all'infanzia hanno fatto pensare che a Siviglia fosse stato attivo un esteso giro di committenti nordici: i soggetti di strada e di vita popolare ebbero infatti molto successo all'estero, ed è probabile che i numerosi mercanti fiamminghi attivi nella città andalusa, sedotti da tali temi, li commissionassero direttamente ai pittori del luogo.

Prima testimonianza della vita infantile dipinta dall'artista, il quadro non rappresenta, come lascia invece intendere il titolo, un giovane mendicante, ma uno di quei monelli di strada, che vivevano senza ricevere cure e senza risorse. La composizione è dominata dal violento chiaroscuro e dal contrasto tra l'ombra del fondo e la figura del fanciullo bagnata dalla luce. Le gambe, le braccia e i brandelli delle vesti del ragazzo sono contraddistinte da forme cedevoli e aggraziate che contrastano con la linea geometrica della finestra e con quella prodotta dal riflesso della luce sul muro. L'esecuzione è vigorosa e la pennellata ampia e grassa.

La borsa e la brocca in primo piano ricordano la natura morta riprodotta da Velazquez nei "Bodegones", dipinti dall'artista a Siviglia prima della partenza per la corte. Come Velazquez, anche Murillo osservò con attenzione le occupazioni quotidiane delle persone di condizioni sociali modeste, ristudiandole poi nel proprio atelier con umiltà e affetto.

18

Davide con la testa di Golia, di Caravaggio

1599-1600
olio su tela
110 x 91 cm
di Michelangelo Merisi
detto il Caravaggio
martedì 14 agosto 2012

"Davide con la testa di Golia", opera del periodo della maturità del Caravaggio, rivela i fondamenti della sua arte: una enfatica solidità creata dal forte contrasto tra luce e ombra; l'immediatezza ottenuta collocando l'azione in primo piano ed eliminando tutto lo spazio intorno (un pittore convenzionale probabilmente avrebbe lasciato spazio sufficiente perché Davide si mettesse in piedi); e la soppressione di tutti gli abbellimenti – colore e modi eleganti – per concentrare l'attenzione unicamente sul dramma.

La tela è ubicata nella Collezione Reale del Prado di Madrid fin dal secolo XVIII. La notorietà di Caravaggio in Spagna fu maggiore di quanto si possa immaginare; fra l'altro fu responsabile dell'origine di quello stile di pittura realista e "tenebrista" che poi godette di tanta diffusione e popolarità nelle opere di artisti come Ribera e Zurbaràn.

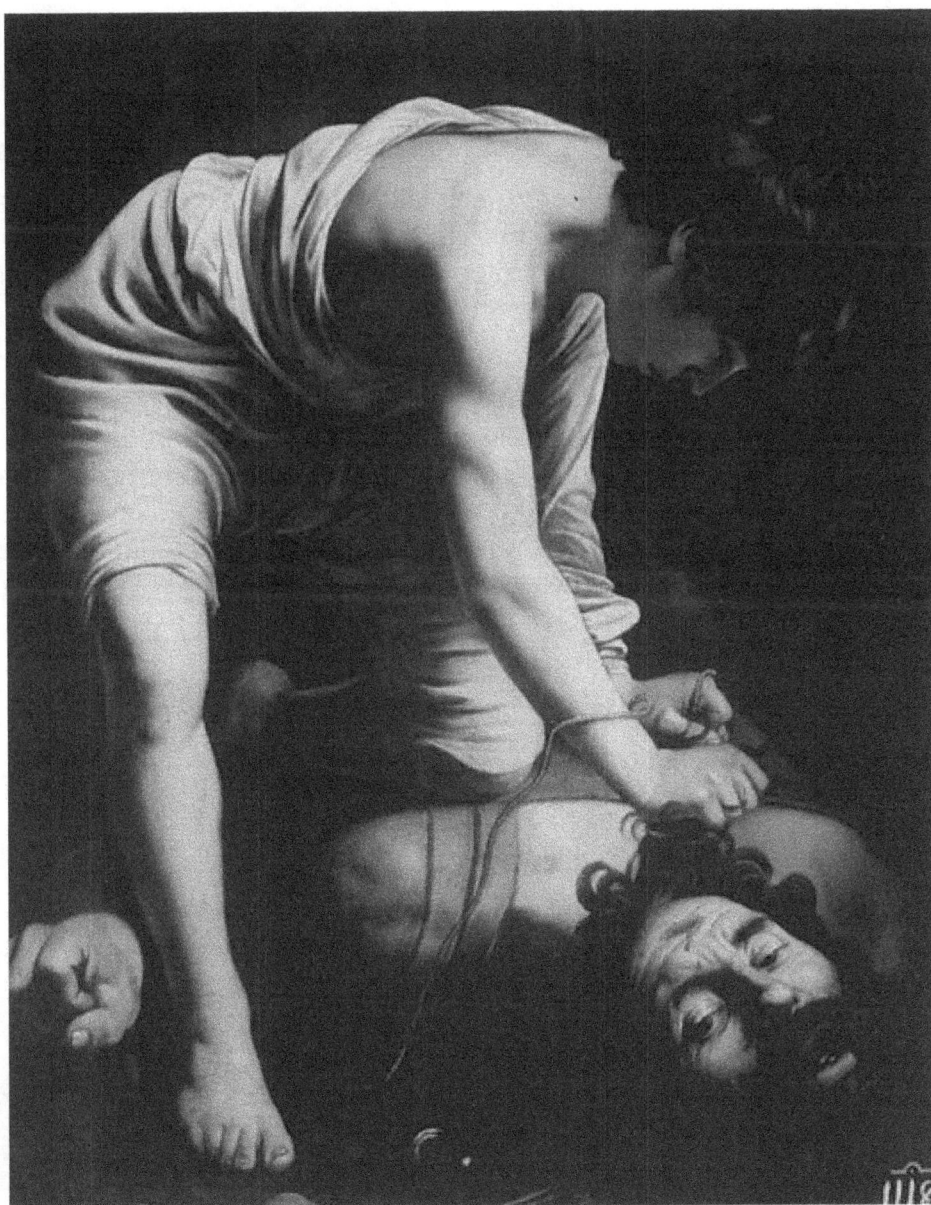

Caravaggio Michelangelo Merisi nacque nel 1571. Non è certo se il luogo di nascita sia stato Milano o Caravaggio, un paese in provincia di Bergamo, dove la famiglia si era trasferita per sfuggire alla peste. E' sicuro comunque che egli si firmò sempre Michelangelo Merisi da Caravaggio, per questo meglio conosciuto semplicemente come Caravaggio. Perse il padre prestissimo e la madre quand'era ancora un giovane ventenne. Dopo essersi liberato dei beni di famiglia e dopo i primi contatti con la pittura, nel 1592 lasciò definitivamente la Lombardia e si trasferì a Roma.

Il 1595 è l'anno della svolta. La vita di Caravaggio cambiò quando conobbe il Cardinale Francesco Maria del Monte, il primo a comprendere il grande talento del pittore. Sotto la sua protezione, Caravaggio otterrà numerose committenze e la sua fama si diffonderà per tutta la capitale. Il Cardinale non solo gli commissionò un gran numero di opere private, per sé e per gli amici, ma gli fece anche ottenere le prime committenze pubbliche.

Tra il 1606 e il 1607 Caravaggio è a Napoli. Qui venne accolto con tutti gli onori che accompagnavano la sua grande fama di pittore. Molti furono i committenti e gli ammiratori, notevole la sua influenza sulla pittura napoletana. Tra le tante opere di questo periodo, vale la pena di ricordare i *Sette Atti di Misericordia* e il *Davide con la Testa di Golia*.

Nel 1607 Caravaggio parte per Malta. Qui conosce il Gran Maestro dell'Ordine dei Cavalieri, che gli fece anche da modello per alcune tele. Nel luglio del 1608 riesce ad entrare anch'egli nell'ordine. Si trattò però soltanto di una breve parentesi. Il 1 dicembre dello stesso anno ne fu allontanato: probabilmente giunse a Malta la notizia della condanna a morte che pendeva sulla sua testa. L'espulsione fu motivata definendo Caravaggio un uomo" foetidum et putridum" (fetido e putrido).

Caravaggio si spostò allora in Sicilia. Tra il 1608 e il 1609 fu a Messina, a Catania e a Palermo. Marco Minniti, un vecchio amico del periodo romano, lo aiutò a trovare delle committenze. In Sicilia Caravaggio lavorò molto e molto velocemente. E' probabile che egli non si sentisse sicuro. La condanna a morte infatti diceva che chiunque avrebbe potuto decapitarlo in qualsiasi momento: sull'isola egli temeva per la sua vita. In questo periodo dipinse il *Seppellimento di Santa Lucia* e la *Resurrezione di Lazzaro*. Morì, a soli 39 anni, il 18 luglio del 1610.

Venere di Urbino, di Tiziano Vecellio

1538
Olio su tela
119 x 165 cm
Galleria degli Uffizi, Firenze

mercoledì 22 agosto 2012

Quasi archetipo della sensualità femminile, questa tela viene richiesta a Tiziano da Guidobaldo della Rovere appena divenuto duca di Urbino. Il quadro deve servire come exemplum per la giovane sposa Giulia Varano; una sorta di fonte ispiratrice sul come ci si debba predisporre all'amore coniugale.

Non per nulla, acciambellato da una parte, sta un cagnolino, simbolo di fedeltà. Si tratta dunque di un amore legittimo, ma non per questo meno travolgente, come dicono le rose in mano alla giovane e il mirto sul davanzale.

Sullo sfondo una domestica guarda una bambina che rovista in un cassettone: chiaro il riferimento a un augurio di maternità.

Il contrasto tra il colore chiaro del corpo della donna nuda con lo sfondo scuro fa risaltare ancor di più l'erotismo della Venere, che sembra fissare in modo allusivo lo spettatore, noncurante della sua bellezza.

Dunque è come se Tiziano abbia voluto rappresentare la perfetta donna rinascimentale: così come Venere, simbolo di bellezza, fertilità e fedele amore.

Il Canal Grande dalla Chiesa degli Scalzi alle Fondamenta della Croce con la chiesa di San Simeone Piccolo (verso Sud-Ovest), di Canaletto

Canaletto (1738 circa)
Olio su tela
124,5 x 204,6 cm
martedì 28 agosto 2012

Ubicata alla National Gallery di Londra. Traffici quotidiani, spostamenti di cose e persone, commerci hanno luogo nelle affollate acque del Canal Grande; sulle rive sorgono maestosi templi cristiani e palazzi nobiliari. La Venezia di Canaletto non è esclusivamente antiquaria: la città vive un suo presente, è vivace e operosa, ricca di iniziativa. La molteplicità di episodi minori accresce il fascino delle vedute dell'artista: passanti si incontrano, madri parlano sulla soglia delle case mentre i piccoli giocano, visitatori di chiese elargiscono elemosine ai mendici in attesa sulle gradinate, piccoli vasi, infine, ornano i balconi come già in Carpaccio o in Antonello da Messina.

Giovanni Antonio Canale detto Canaletto, è stato un pittore italiano conosciuto per i suoi quadri sfavillanti su Venezia. È nato a Venezia il 28 ottobre 1697 ed è morto il 19 aprile 1768.

La Tempesta, di Giorgio Gasparini

1505-1508
olio su tela
martedì 4 settembre 2012

Il dipinto noto col titolo *La tempesta*, realizzato entro il 1505 da Giorgione, è conservato a Venezia, alla Galleria dell'Accademia. E' stato dipinto direttamente con il colore, senza disegno preparatorio, ed è uno dei quadri più celebri del nostro Rinascimento.

Il soggetto, quasi incomprensibile, ha stimolato le più diverse interpretazioni. Protagonista è il paesaggio aperto su una natura magica e misteriosa in cui si manifestano poeticamente la sua forza e i suoi fenomeni. Nella scena le figure umane si inseriscono come elementi secondari e accidentali.

Tutta l'immagine si concentra nell'attimo dello scoppio del fulmine. Ogni cosa assume un colore e un aspetto strano, irreale: l'acqua si oscura al passaggio dei nuvoloni densi di pioggia, gli edifici della città sullo sfondo s'illuminano nel bagliore improvviso e i muri emanano particolari riflessi. Le chiome degli alberi più lontani brillano come se la pioggia fosse già arrivata, bagnando le foglie. In primo piano, alberi, foglie, persino i sassi, perdono la loro consistenza, avvolti dalle ombre che s'insinuano per via del cielo improvvisamente oscurato. In quell'attimo tutto si trasforma in un'immagine di grande suggestione.

La tempesta appartiene al genere dei cosiddetti "paesetti con figure", opere di destinazione privata molto apprezzate dalla colta committenza veneziana. A destra, ai margini di un boschetto, presso una fonte, siede una donna seminuda che allatta un bambino e guarda verso lo spettatore. A sinistra un giovane in abiti del Cinquecento la osserva, appoggiato a un bastone. Figure e paesaggio si fondono in virtù della tecnica della pittura tonale, che armonizza i colori, in questo caso basati tutti su cromie verdi e dorate, e sfuma i contorni per creare effetti di compenetrazione atmosferica.

La Tempesta è uno dei quadri più misteriosi dell'arte, tanto che gli storici, nel corso del tempo, hanno sviluppato almeno 30 interpretazioni differenti, ma ancora oggi è oggetto di analisi. Questo dipinto, come la grande maggioranza delle opere di Giorgione, è stato realizzato per una destinazione privata. I committenti degli artisti di allora, in particolare nel Veneto del Cinquecento, appartenevano ad una classe sociale di cultura molto elevata e gusti raffinati oltre, ovviamente, ad avere una grande disponibilità economica. Per questi motivi la committenza veneta del Cinquecento cercava nell'opera una rete di significati na-scosti e così ricca e complicata, da essere conosciuta solo da pochissime persone (com-mittente, artista, eventuale persona che riceve in dono l'opera), tanto da presentarsi quasi come come un raffinatissimo gioco di decifrazione.

Giorgio Gasparini Le date di nascita e di morte vengono tramandate dal Vasari, il quale descrive nelle sue "Vite" l'uomo, l'artista ed alcune caratteristiche della sua opera. Seppu-re sia incerto dove il Vasari avesse preso le informazioni sulla vita del misterioso pittore, la data di nascita, il 1477, sembra verosimile.

Secondo una romanzesca descrizione nelle Vite di Vasari, Giorgione appare come amante della musica, lui stesso musicista, oltre che appassionato conoscitore della poesia, e delle arti figurative. Per certo sappiamo che Giorgione dipinse quasi esclusivamente per una se-lezionata committenza patrizia, della quale condivide i gusti raffinati e gli ideali umanistici, preferendo quindi soggetti mitologici o comunque fantastici rispetto a quelli religiosi allora correnti.

Giorgione non è un pittore di "storie", la sua abilità è orientata sulle qualità di fusione cro-matica e definizione atmosferica piuttosto che nella costruzione della figura, le sue opere sono più adatte alla destinazione privata. Inoltre i suoi soggetti sono costruiti su significati e allegorie difficili, comprensibili soltanto da pochi intenditori. Il mito di Giorgione, pittore celebre, che trascorre una vita agiata, frequentando circoli nobiliari, allegre brigate, molte belle donne, è frutto di una visione romantica. La sua posizione marginale rispetto al "grande giro" dell'arte di allora e che oggi lo rende ancora più interessante e pieno di fasci-no, spiega anche l'incomprensione di questo originale artista.

L'opera di Giorgione, comunque, porterà in Veneto un tipo di cultura classica e naturalisti-ca che avrà importanti conseguenze nella pittura. La sicurezza sull'anno della morte, avve-nuta nel 1510, deriva da una testimonianza diretta. Il 25 ottobre del 1510, la peste infuria a Venezia ed Isabella d'Este, Marchesa di Mantova, sembra già avere notizia della morte del pittore.

L'Urlo, di Edvard Munch

Olio, tempera e pastello su cartone.
83,5 x 66 cm.
Ubicato alla Nasjonalgalleriet di Oslo.

martedì 11 settembre 2012

Precursore (come Van Gogh) dell'espressionismo, Munch rappresenta ne "L'Urlo" un momento realmente da lui vissuto. Mentre sta passeggiando con due amici sul ponte di Nordstrand viene colto da una sensazione di panico e imminente terrore. I due amici continuano nel loro incedere e compaiono sullo sfondo incuranti dello strazio del pittore. Il protagonista appare deformato, la testa simile a un teschio, il corpo sembra privo di colonna vertebrale quasi serpentiforme. Il cielo assume color rosso fuoco, come presagio della fine del mondo. Sia il cielo, che le acque del mare che tutto il resto sono rappresentate con conformazioni ondulate, dando l'idea di un movimento confuso supportato da una varietà di colori molto luminosi che ne acuiscono lo stato di angoscia. Soltanto la strada rimane dritta, sinonimo di ancora di salvataggio ma al contempo equivalente di freddezza del genere umano. L'uomo in primo piano, che appare come sotto un flash, è raffigurato nell'attimo in cui emette l'urlo e il suo dramma contralta con quello della realtà circostante col solo inframezzarsi delle palizzate (longa manus della strada retta). Quindi l'ineluttabilità della tragedia, la forza superiore della natura sull'uomo, che impotente ne prende atto e quando ne prende atto è come se impazzisse, preda di confusione e spaesamento tanto da finire col perdere le stesse sembianze umane, circondato da luci, fiamme, vortici (le lunghe pennellate dell'artista, fanno il resto) e cecità di chi (..i due amici che ignari continuano il loro percorso) non comprende tutto ciò e continua a vivere fondando la sua esistenza sulla superficialità e falsità dei rapporti umani. Esistono quattro versioni dell'urlo: due sono conservate al Museo Munch di Oslo, una alla Galleria Nazionale, un'altra è in mano a privati.

Edvard Munch (1863-1944) è senz'altro il pittore che più di ogni altro anticipa l'espressionismo, soprattutto in ambito tedesco e nord-europeo. Egli nacque in Norvegia e svolse la sua attività soprattutto ad Oslo. In una città che, in realtà, era estranea ai grandi circuiti artistici che, in quegli anni, gravitavano soprattutto su Parigi e sulle altre capitali del centro Europa.

Nella pittura di Munch troviamo anticipati tutti i grandi temi del successivo espressionismo:

dall'angoscia esistenziale alla crisi dei valori etici e religiosi, dalla solitudine umana all'incombere della morte, dalla incertezza del futuro alla disumanizzazione di una società borghese e militarista.

Dopo un soggiorno a Parigi, dove ebbe modo di conoscere la pittura impressionista, nel 1892 espose a Berlino una cinquantina di suoi dipinti. Ma la mostra fu duramente stroncata dalla critica. Egli, tuttavia, divenne molto seguito ed apprezzato dai giovani pittori delle avanguardie. Espose nelle loro mostre, compresa la celebre Secessione di Vienna del 1899.

Nell'opera di Munch sono rintracciabili molti elementi della cultura nordica di quegli anni, soprattutto letteraria e filosofica: dai drammi di Ibsen e Strindberg, alla filosofia esistenzialista di Kierkegaard e alla psicanalisi di Sigmund Freud. Da tutto ciò egli ricava una visione della vita permeata dall'attesa angosciosa della morte. Nei suoi quadri vi è sempre un elemento di inquietudine che rimanda all'incubo. Ma gli incubi di Munch sono di una persona comune, non di uno spirito esaltato come quello di Van Gogh. E così, nei quadri di Munch il tormento affonda le sue radici in una dimensione psichica molto più profonda e per certi versi più angosciante. Una dimensione di pura disperazione che non ha il conforto di nessuna azione salvifica, neppure il suicidio.

Santa Cecilia, di Domenico Zampieri detto Il Domenichino

Olio su tela 1617/18.
Ubicato al Museo Louvre di Parigi

martedì 18 settembre 2012

Il dipinto, proveniente dalla Collezione Ludovisi, raffigura Santa Cecilia, patrona della musica, nell'atto di eseguire una melodia su una viola a sette corde. Il soggetto è giustificato non soltanto dagli interessi del committente (peraltro condivisi anche dall'artista), ma anche dall'onda emozionale scaturita dal ritrovamento del corpo di Cecilia sul finire del secolo precedente (esattamente nel 1599, quando durante i restauri della Basilica in Trastevere, ordinati dal cardinale Paolo Emilio Sfondrati - in occasione dell'imminente Giubileo del 1600 - venne ritrovato un sarcofago con il corpo della santa sorprendentemente in un ottimo stato di conservazione). Che Domenichino si intendesse di musica è rivelato non soltanto dall'accuratezza con cui è realizzato lo strumento, ma anche dal fatto che lo spartito retto dall'angelo è reale.

Domenichino, Domenico Zampieri detto il. - Pittore (Bologna 1581 - Napoli 1641). Protagonista della pittura bolognese, fu uno dei promotori del classicismo secentesco europeo. Allievo prima di D. Calvaert poi dei Carracci, fu artista dei più colti, elaborando in un eclettismo raffinato le esperienze formali dei grandi maestri del 16° secolo. Lavorò a Roma per la decorazione di Palazzo Farnese e, dopo un'intensa attività autonoma, a Napoli, dove influenzò largamente la produzione locale. Compose le sue figurazioni con semplicità e chiarezza esemplari, modulando i toni in preziose gamme cromatiche. La sua pittura influì su N. Poussin, sul Lorenese e su G. Dughet.

Nel 1602 era a Roma, collaboratore di Annibale Carracci negli affreschi di palazzo Farnese. Tra le sue opere a fresco sono particolarmente notevoli le decorazioni di una volta del palazzo Giustiniani di Bassano di Sutri (1609), della cappella Farnese nell'abbazia di Grottaferrata (1610), della cappella di S. Cecilia in S. Luigi dei Francesi (1611-1614), di una sala della villa Aldobrandini a Frascati (1616-17), dei pennacchi della cupola e della tribuna di S. Andrea della Valle (1623-28) e di quelli di S. Carlo ai Catinari (1630) a Roma; della cappella del Tesoro nel duomo a Napoli (dal 1638). Tra le grandi tele, sono da annoverare la Comunione di s. Gerolamo (1614, Pinacoteca Vaticana); l'Angelo Custode (1615, Napoli, Museo di Capodimonte); la Caccia di Diana e la Sibilla Cumana (1617 circa, Roma, Galleria Borghese). Artista colto, mirò non tanto a resuscitare, quanto a rievocare il classicismo cinquecentesco e a intenderne il significato profondo. Per queste sue capacità riuscì a fondere in un naturalismo sincero figure e paesaggio, che nelle sue opere prende una parte notevolissima, soprattutto nei quadri (Fatiche di Ercole; Erminia tra i pastori, Parigi, Louvre) e negli affreschi di soggetto mitologico. Spesso anche nei quadretti di minore impegno giunse a risultati precorritori del gusto moderno, componendo il paesaggio con largo senso classico e aperta sensibilità ai problemi della luce e del colore. Una sua teoria dell'arte, raccolta da G. B. Agucchi, costituì la base del pensiero critico di G. P. Bellori e, in genere, del classicismo secentesco.

Venere e Cupido, di Lorenzo Lotto

1513.
Olio su tela.
Ubicato al Metropolitan Museum of Art di New York.

martedì 25 settembre 2012

E' questo uno dei rari quadri di Lotto a soggetto mitologico del quale sono però ignote le circostanze della committenza. Non sembra inverosimile che a richiederlo sia stato il nipote dell'artista, Mario D'Armano, il cui nome appare nel "Libro di Spese" dello zio come acquirente di una "Venere" in genere identificata con la Venere adornata dalle Grazie.

All'indubbia qualità del quadro fa riscontro una certa complessità dell'iconografia, tipica dell'artista veneziano. La dea, cosparsa di petali di rosa che simboleggiano l'amore, tiene in mano una corona di mirto (altro simbolo amoroso) attraverso il quale un Cupido impertinente urina. Nella lettura più semplice potrebbe trattarsi di un augurio di fortuna e fecondità. Oppure, secondo una più approfondita indagine, probabile che il Lotto abbia voluto rappresentare la Venere, dunque la donna,

come il crogiuolo in cui si realizza l'"opus" del Cupido (alato e felice) in quanto Eros.

Egli è infatti rappresentato, con un sorriso di gioia compiaciuta, nell'atto della minzione, del dare, metafora del riversamento del piacere che trova, eroticamente parlando, giusta e alchimistica collocazione nella donna. In fondo trattasi di complicità, desiderio di voler condividere con la donna che si ama, le gioie dispettose e trasgressive della passione umana.

Lorenzo Lotto. Nato intorno al 1480 e cresciuto certamente a Venezia, figlio di un Tommaso, non possediamo alcuna documentazione circa la formazione giovanile di Lorenzo Lotto, che pure dimostra fin dalle prime opere di conoscere a fondo Giovanni Bellini e Alvise Vivarini, le cui botteghe assai probabilmente frequentò. Forse per diretto interessamento del vescovo Bernardo de' Rossi, sotto la cui protezione ebbe le prime committenze, si stabilì a Treviso, dove risiede nel 1503. Qui, a contatto con gli ambienti umanisti, realizza i primi ritratti, le tele di devozione privata e alcune pale d'altare, subito di altissimo livello.

La fama del grandioso polittico circola rapidamente, dalla vicina Loreto al Vaticano, dove il pontefice chiama il pittore per decorare alcune stanze, nel 1508. Il soggiorno romano, di poco più di un anno, fu quanto mai utile per Lotto, anche se purtroppo nulla ci resta, ma l'ambiente era troppo competitivo e forse il suo stile troppo anticlassico per essere pienamente apprezzato. Dunque si allontanò da Roma per tornare nelle Marche. Dove, a Jesi, realizza opere che risentono dell'incontro con Raffaello, sempre operando per edifici ecclesiastici e compagnie religiose. Probabilmente ancora tramite i domenicani partecipa e vince la gara per una grande pala d'altare a Bergamo, offerta da Alessandro Martinengo Colleoni, condottiero filoveneziano. Apparsa come novità modernissima, capace di sintetizzare colore veneziano e densità lombarde, la pala era uno straordinario "biglietto da visita".

Così dal 1513 Lorenzo Lotto vive a Bergamo, libero e stimato, con una clientela privata che annovera le più importanti famiglie patrizie. Per loro comincia a realizzare opere da cavalletto: ritratti fra i più belli del Cinquecento, diverse opere di devozione privata, altre interessantissime pale d'altare e un vasto ciclo di affreschi che compiutamente decorano un oratorio di campagna, a Trescore Balneario: storie di ambientazione popolaresca, con una freschezza di toni e sentimenti, velocità di stesura e varietà d'accenti che ancora ci entusiasmano. Le commissioni però tendono a scemare: pur avendo ancora in corso il contratto per fornire i disegni degli stalli del coro di Santa Maria Maggiore, cui continuerà a dedicarsi con passione e precisione, Lotto, che sempre opera per privati e ordini religiosi, preferisce andare a Venezia da cui, tra l'altro, potrà inviare con più comodità, per via d'acqua, le sue tele e tavole nelle Marche, ove mantiene ottimi rapporti. Dal 1526 è dunque stabilmente in laguna. Continua a lavorare per committenti privati, ma ha anche un ordine prestigioso nel 1529 per la chiesa di Santa Maria dei Carmini: il San Nicola in gloria con i santi Giovanni Battista e Lucia, per cui diventa ovvio l'accostamento ai modi di Tiziano, il pittore allora sovrano in città. In generale però il periodo veneziano non è ricco di soddisfazioni, anzi. Lo spazio delle grandi committenze, con la pittura di storia e per il patriziato, gli è precluso. Lotto produce sempre per le Marche, per Jesi anzitutto, con la Pala di Santa Lucia del 1532 e l'eccezionale Crocifissione nella chiesa di Santa Ma¬ria in Telusiano, firmata e datata "Lotus 1531", in Monte San Giusto, presso Fermo. Un episodio di drammaticità assoluta, una scena visionaria sovrastata da croci altissime su cui si consumano tragedie cosmiche e individuali.

Un documento datato 29 agosto 1532 indica che in quel giorno Lotto è momentaneamente a Treviso: qui riesce ancora ritrattista perfetto con la Gentildonna in veste di Lucrezia, realizzata intorno al 1533. Poi probabilmente raggiunge nuovamente le Marche, dove si fermerà, sembrerebbe ininterrottamente, fino a quel 1539 in cui compirà la Madonna del Rosario per la chiesa di San Domenico a Cingoli. Lo troviamo ancora ad Ancona, poi a Macerata, in una fase di intensa attività e sempre di capolavori. Ma è ormai stanco e vorrebbe tornare definitivamente nella natia Venezia. Spera di accasarsi da un nipote, Mario d'Armano, che ha famiglia e attività prestigiosa: con lui abiterà dal 3 luglio 1540 fino al 17 ottobre del 1542: nel marzo di quell'anno termina l'Elemosina di Sant'Antonino per la Chiesa dei Santi Giovanni e Paolo, ultima commissione pubblica a Venezia. Probabilmente visse quel periodo con un certo prestigio, spendendo molto denaro, ma per diverse ragioni la vita familiare piegò verso rapporti più difficili da sostenere. Va allora a Treviso, presso l'antico amico Giovanni dal Saon. Spera ancora in questa nuova sistemazione, vuole "viver e morir in casa sua in amore e terminj da christiani sapori, boni amici et vinculo del San Joanne et como padre e fiol".

Da allora fino alla morte nel 1556, dunque dall'età di poco più di sessanta anni ai settanta-sei, la produzione pittorica di Lotto sarà ancora intensa. Riusciamo a seguirla con precisio-ne attraverso il suo Libro di spese diverse, iniziato nel 1542. Seguiamo i suoi movimenti, le sue fatiche e le sue difficoltà. Cambierà molte abitazioni, moltissimi aiuti, produrrà tanto ma sarà sempre meno pagato, sempre più emarginato e a volte anche umiliato da una clientela sempre più tirchia. Dal 1545 lascia definitivamente Treviso, dove ha pochi clienti, e torna a Venezia. Poi altri viaggi nelle Marche: è ad Ancona nel 1550. È stanco, e impo-verito: decide di tentare una lotteria, e vende solo sette quadri. Un uomo solo e deluso, che si sente sull'orlo della miseria, è il Lorenzo Lotto che l'8 settembre 1554 si fa oblato alla Santa Casa di Loreto. Vivrà ancora due anni attivi e forse più sereni, dipingendo per i confratelli del grande santuario. In una data di fine autunno del 1556, si spegne, solo con le ombre dei suoi ultimi, commoventi dipinti.

32

La conversione della Maddalena, di Guido Cagnacci

1650-1658.
Olio su tela.
Ubicato al Museum of Art, Norton Simon Foundation, di Pasadena.

martedì 2 ottobre 2012

Due volti si affrontano ed esprimono due diversi modi di intendere la vita. Maria Maddalena, tutta dedita ai piaceri terreni, è quella distesa sul pavimento e con il volto in ombra, come la sua anima. L'altra, inondata di luce, è la sorella Marta che si adopera per convincerla. Guido sfrutta la luce "caravaggesca" con la consueta abilità, caricandola di significati ulteriori. La collana di perle smembrata a terra e gli altri monili abbandonati sono il segno che le parole di Marta stanno avendo il loro effetto. Il pittore, al contempo, coglie l'attimo del conflitto tra l'angelo (armato di una verga) e il diavolo (nudo e nerboruto) e anche in questo caso l'angelo sembra che stia per avere la meglio.

Guido Cagnacci (Santarcangelo di Romagna, 19 gennaio 1601 – Vienna, 1663) Non sappiamo chi sia stato il suo primo maestro, ma tra il 1618 e il 1621 è mantenuto dal padre a Bologna per apprendere l'arte della pittura, probabilmente presso Ludovico Carracci o un artista della sua cerchia. Importanti furono anche due soggiorni romani, nel secondo dei quali, tra il 1621 e il 1622, lo troviamo a fianco del Guercino. I suoi primi dipinti documentati sono le due tele che ornano la Cappella del Santissimo Sacramento nella Parrocchiale di Saludecio, del 1627. Dal 1623 al 1648 la sua attività si svolge soprattutto in Romagna, un periodo che vede l'affermarsi della fama dell'artista, ma che è anche segnato da avvenimenti turbolenti, come un tentativo di fuga con una giovane e chiacchierata vedova della nobile famiglia Stivivi, Teodora, per il quale nel 1628 Guido è bandito da Rimini.

A Santarcangelo gode della protezione di Monsignor Bettini, che nel 1635 gli commissiona la pala con San Giuseppe e Sant'Egidio per la Confraternita dei falegnami e dei fabbri, opera che segna lo spartiacque tra la fase giovanile dell'artista e la maturità, che lo vedrà rivolgersi soprattutto verso i grandi maestri emiliani, e in particolare Guido Reni e il Guercino. Nel 1643 lavora ai dipinti del duomo di Forlì con San Valeriano e San Mercuriale, lavori a cui non sono estranei né la prospettiva né i colori di Melozzo, mentre nel 1647 è a Faenza, in relazione con la potente famiglia Spada. Proprio per quel che può aver assorbito da Melozzo, a Roma e a Forlì, e per quel che ha colto dall'ambiente culturale forlivese, è stato messo in relazione con la scuola pittorica forlivese.

Con il 1648 termina l'attività romagnola del pittore, che si stabilisce a Venezia con il nuovo nome di "Guido Canlassi da Bologna". A questo punto si datano molti dei suoi dipinti con figure femminili e soggetti profani. Su invito dell'imperatore Leopoldo I, verso il 1660 si trasferisce a Vienna, dove muore nel 1663.

Dance at Bougival, di Pierre-Auguste Renoir

Anno: 1883-1884
Olio su tela
Misure: 181,9 x 98,1
Museum of Fine Arts of Boston

martedì 9 ottobre 2012

I caffé all'aperto del subborgo parigino Bougival, sui margini della Senna, sono la location del quadro. Era tipico, per i pittori impressionisti, raffigurare scene di vita mondana dei parigini di fine Ottocento. Renoir, che è stato essenzialmente un *figure painter*, usò colori molto vivaci e seducenti per evidenziare quel senso di piacere provato dalla coppia che danza, e che domina l'opera. Il volto della donna, dai capelli rossi incorniciati dal cappellino vermiglio, attira l'attenzione dell'osservatore su entrambi i personaggi raffigurati.

Il quadro vanta una serie infinita di passaggi di mano, nonché di trasferimenti dall'Europa agli Stati Uniti, già durante la sua realizzazione da parte dell'artista. Depositato il 16 aprile 1883 a Parigi, fu restituito all'artista il 22 novembre 1884 che finì l'opera per essere spedita a New York da parte del commerciante d'arte Durand-Ruel, il 19 febbraio 1886. Il 22 novembre dello stesso anno, il quadro fu venduto a M.me Hittbrunner, che lo rivendette allo stesso Durand-Ruel il 25 agosto del 1891, facendo ritorno a Parigi.

Il 2 gennaio 1894, Durand-Ruel lo vendette a Parigi a un certo Félix-Francois Depeaux, che nel 1906 lo cedette alla Galleria George Petit di Parigi, per essere riacquistato da Edmond Décap, presso la cui famiglia l'opera rimase fino al 1937, quando fu ceduta al commerciante d'arte Paul Brame, per conto della Jacques Seligmann e Figli. Quest'ultima trasferì il quadro a New York per conto della Jacques Seligmann & Co., che nell'aprile del 1937 lo rivendette al Museum of Fine Arts di Boston per la cifra record di 150.000 dollari.

Pierre Auguste Renoir, pittore e incisore, uno dei primissimi Impressionisti francesi, nasce il 25 febbraio 1841 a Limoges in una famiglia di modeste origini. Nel 1844 la famiglia Renoir si trasferisce a Parigi e Auguste gia da bambino esprime la sua naturale predisposizione alla musica ed al disegno.

Assunto come apprendista nella ditta di porcellane decorate Lèvy Frères, Auguste Renoir prende famigliarità con i pennelli ed i colori, decorando piatti e tazze. La vera formazione artistica di Pierre Renoir comincia nel 1862 frequentando i corsi all'Ecole de Dessin et des

Arts Dècoratifs, diretta dallo scultore Callouette.

Rubens e il Settecento francese, sono i modelli a cui si ispira Renoir quando viene Ammesso all'Ecole des Beaux Arts per seguire i corsi di Emile Signal e Charles Gleyre. All'Ecole des Beaux Arts, Pierre-Auguste Renoir, considerato uno scolaro indisciplinato e restio a seguire gli stili e modelli pittorici proposti dal corso di studi, conosce Claude Monet, Bazille e Sisley ai quali si lega per gli stessi gusti artistici.

Pierre A. Renoir apprezza la bellezza al punto di sentire l'urgenza irrinunciabile di fissare sulla tela il ricordo di tutto ciò che vede, per l'artista tutto ciò che esiste vive, tutto ciò che vive é bello e tutto ciò che é bello merita di essere dipinto. La pittura tradizionale del tempo era legata al concetto di pittura al chiuso, dentro uno studio, anche quando si trattava di dipingere un paesaggio.

Nella primavera del 1864 Renoir ed i suoi amici pittori, ribelli a questo sistema, comincia a sperimentare il metodo, poi denominato "en plein air, dipingendo insieme nella foresta di Fontainebleau. Per Renoir la pittura deve esprime ed esaltare la gioia di vivere e la felicità di partecipare alla vita di tutto ciò che di bello ci circonda.

Molti altri giovani pittori seguirono l'esempio di Renoir dando il via alla nuova corrente artistica chiamata "Impressionismo" che tanto scandalo suscitò nel 1874 quando alcuni quadri legati a questa avanguardia vennero esposti, in contestazione all'ufficiale "Salon". I lavori giovanili di Renoir sono segnati dall'influenza del colorismo di Eugène Delacroix e dalla luminosità di Camille Corot.

Renoir, affascinato sia dal realismo di Gustave Courbet che da quello di Édouard Manet, come loro utilizza il nero come colore. I dipinti di Renoir, caratterizzati da luminosi effetti di colore e dal senso di "vivo" della pelle delle donne, non hanno ancora abbandonato le regole dei coloristi e dei realisti, apprezzati dalla critica corrente, ma vengono rifiutati dalla giuria accademica del "Salon".

L'esclusione dalla rosa degli artista promossi al Salon, voleva dire, al tempo, essere esclusi dal mercato ed i quadri di Renoir e degli altri impressionisti, erano difficili da vendere. Per vivere Renoir è costretto a ripiegare su ritratti, e questa scelta obbligata dà vita ad alcuni celebri capolavori come "Le Moulin de la Galette" (1876) e "Madame Georges Charpentier e i suoi bambini" (1878).

Durante quegli anni Renoir dipinge le sue tele migliori. che esaltano la bellezza del corpo umano, la poesia della natura, sottolineando la gioia di vivere, ma lasciando l'artista in miseria. Il pittore propone e ripete nei dipinti il suo modello di donna, un viso rotondo, con un corpo dalle forme piene, occhi a mandorla e un'aria insieme innocente e misteriosa.

Tra il 1881 e il 1882 Renoir fa un viaggio in Algeria soffermandosi in Italia per studiare da vicino la pittura rinascimentale. Muore a Cagnes-sur-Mer, 3 dicembre 1919.

Ritratto di vecchio con nipote, di Domenico Bigordi, detto il Ghirlandaio

Olio su tavola
cm 62,7 x 46,3
1490-1493
Louvre di Parigi

martedì 16 ottobre 2012

Il pittore si dedicò costantemente all'esecuzione di ritratti, sia inserendo effigi di personaggi viventi all'interno dei cicli affrescati, sia nei ritratti con immagini indipendenti. L'artista trasmise alla sua bottega, ove lavoravano anche i suoi fratelli David, Benedetto e Giovanbattista, la passione per i ritratti. Il dipinto del Louvre fa parte di quelle poche opere che associano la figura di un anziano a quella di un bambino, una scelta che coinvolge gli effigiati in un intenso dialogo emotivo. La fisionomia del vecchio, contraddistinta dal rinofima (una malattia dermatologica che ha come conseguenza l'ingrossamento del naso), ricorre anche in un disegno a matita rossa conservato nel Nationalmuseum di Stoccolma, nel quale, oltre alla rappresentazione della patologia e degli stessi tratti fisionomici dell'uomo del dipinto parigino, l'anziano è raffigurato a occhi chiusi. Sebbene l'identità dei due effigiati conservi l'anonimato, è interessante riportare un'ipotesi avanzata recentemente: nel foglio di Stoccolma il vecchio sarebbe raffigurato dopo la morte (gli occhi chiusi), quando il pittore fissò indelebilmente le sue fattezze. Il ritratto su tavola dovrebbe dunque essere stato commissionato in un secondo momento, e rievocherebbe l'amata figura del nonno scomparso: il giovane nipote posa dolcemente una mano sul petto

dell'anziano familiare, la sua bocca socchiusa potrebbe simulare un dialogo interrotto.

Ghirlandàio, Domenico Bigordi detto il. - Pittore (Firenze 1449 - ivi 1494). Figlio di un artigiano (famoso per le acconciature femminili di ghirlande, donde il soprannome), il Gh., forse allievo di A. Baldovinetti, fu certo attento alle novità elaborate nell'ambito della bottega del Verrocchio e nel circolo mediceo, anche se non toccato dalle istanze intellettuali più avanzate. Ultimo rappresentante della tradizione pittorica fiorentina quattrocentesca, elaborò con felice vena narrativa un'arte caratterizzata da sapiente equilibrio formale e compositivo, sostenuta da una grande perizia tecnica, soprattutto nella decorazione a fresco. Dopo le prime opere (affresco con i Ss. Gerolamo, Barbara e Antonio Abate, 1470 circa, S. Andrea a Cercina; decorazione della cappella Vespucci, 1472, e Cenacolo nel refettorio, 1480, Firenze, chiesa e convento di Ognissanti; affreschi con le Storie di s. Fina, 1473-75, San Gimignano, collegiata; ecc.), il Ghindarlaio, a capo di una bottega sempre più fiorente e accreditata, fece fronte a numerosissime commissioni, non trascurando anche lavori di routine. Tra le più importanti realizzazioni ad affresco: a Roma, la Vocazione dei ss. Pietro e Andrea nella Cappella Sistina (1482); a Firenze, la decorazione della sala dei Gigli in Palazzo Vecchio (1482), le Storie di s. Francesco nella cappella Sassetti in S. Trinita (1483-85), le Storie della Vergine e del Battista, commissionate dai Tornabuoni per la Cappella Maggiore di S. Maria Novella (1485-90). Tra i dipinti su tavola, di grande rilevanza l'Adorazione dei pastori, non esente da suggestioni fiamminghe (1483, S. Trinita), la Natività (1487, Uffizi), l'Adorazione dei Magi (1488, Firenze, ospedale degli Innocenti), il ritratto di Giovanna Tornabuoni (1488, Lugano, collezione Thyssen Bornemisza) che, come i numerosi ritratti ricorrenti nelle sue opere, mostra grande acutezza psicologica. È ancora da ricordare la sua attività nell'ambito della "rinascita" del mosaico, voluta da Lorenzo il Magnifico e messa in opera soprattutto dal fratello David. Della sua abilità disegnativa rimane testimonianza nel Codex Excurialensis, con copie dei suoi disegni di antichità romane. Nella bottega del Ghindarlaio si formarono, tra gli altri, Michelangelo, Fr. Granacci, G. B. Utili.

Autoritratto, di Rosalba Carriera

1709,
pastello su carta.
Ubicato a Firenze nella Galleria degli Uffizi.

mercoledì 24 ottobre 2012

L'artista si ritrae in attitudini professionali, volgendo verso lo spettatore il ritratto della sorella Giovanna, da lei stessa eseguito. Fa evidenziare inoltre una sua particolare abilità: col pennello indica il difficile ricamo che orna, al collo, la veste della sorella. Leggerezza e mobilità di tocco, estrema attenzione al mutare della luce, sottile psicologia: questi, sembra dirci la Carriera, i requisiti dell'eccellente ritrattista. I suoi ritratti, infatti, risultano essere sempre vivi, non appesantiti dalle rigidità delle pose o dalla severità degli abiti da cerimonia e i suoi colori sembrano addirittura cangianti.

Rosalba Carriera nacque a Venezia il 12 gennaio 1673 e venne battezzata nella parrocchia di San Basilio. Crebbe in una famiglia borghese: il padre Andrea, uomo schivo e sfuggente, esercitava l'Ufficio di Cancelliere nei territori della Serenissima e la madre Alba Foresti, donna certamente di carattere, era una sapiente merlettaia. Assieme alle sue sorelle Giovanna (1675-1737) e Angela (1677-1760) ricevette un'educazione completa per l'epoca, studiando le belle lettere e poesia, inglese e francese, e imparando a suonare il violino.

La passione per l'arte sembra sia germinata aiutando la madre nella creazione di nuovi disegni per i merletti. Il suo apprendistato forse ha inizio presso un pittore identificato come Todesco, poi di certo presso il pittore Giuseppe Diamantini, e infine nella bottega del più noto Antonio Balestra, allora apprezzato maestro in Venezia. Si applicò subito alla realizzazione di miniature su osso e avorio, che all'epoca erano la naturale decorazione di tabacchiere e cofanetti per nei e gioielli. I temi più richiesti erano Damine, Contadinelle, e figure mitologiche femminili.

Dopo il 1700 circa si concentrò maggiormente sulla produzione di ritratti su carta con la tecnica del pastello, che in quel periodo, complice il nascente gusto Rococò, viveva una stagione particolarmente felice, poiché incarnava pienamente le richieste estetiche di aristocratica grazia e suadente delicatezza dei suoi committenti. Oltre ai ritratti, le venivano richieste le Serie di personificazioni delle Stagioni, degli Elementi, dei Continenti. Nel 1705 grazie all'interessamento del suo conoscente Christian Cole, segretario di Lord Manchester a Roma, venne ammessa all'Accademia di San Luca in Roma. La sua casa di San Vio divenne un grande atélier dove Rosalba Carriera, aiutata dalla sorella Giovanna e da altre allieve, tra cui la più famosa fu Felicita Sartori, ospitava committenti di ogni estrazione sociale senza alcuna sudditanza intellettuale. Molto singolare è l'occasione in cui eseguì il ritratto del Re Federico IV di Danimarca. Il sovrano, che soggiornò in incognito a Venezia nel 1708 per alcuni mesi, si fece ritrarre e le commissionò il ritratto di tutte le più belle dame della città.

In questa casa-gineceo si creò un salotto in cui cosmopolite conversazioni accompagnavano la realizzazione dei ritratti di tutta la società veneta, tra i quali citiamo i più famosi: il procuratore Recanati, la cantante Faustina Bordoni e il compositore Johann Hasse, la ballerina Barbara Campanini. Rosalba Carriera fu legata da cordiali rapporti d'amicizia con la maggior parte delle donne attive nei vari campi del sapere e delle arti, legami che si tradussero in ritratti particolarmente toccanti come quello della poetessa Luisa Bergalli o della contessa Caterina Sagredo Barbarigo. La fama internazionale di Rosalba Carriera si deve ai ritratti dei forestieri, soprattutto inglesi come Lord Boyne o al secondo Duca di Newcastle, che soggiornavano a Venezia per vivere l'euforia del Carnevale più famoso del mondo. Riportando in patria questi pastelli - raffinati per cromie, leggerissimi per realizzazione, intessuti di sottile interpretazione psicologica, e sapientemente orchestrati tra moderata idealizzazione e perspicacia fisiognomica - decretarono il successo della pittrice in tutta Europa. Il viaggio a Parigi del 1720-21 sancisce il suo trionfo. Ospite del celebre collezionista Pierre Crozat, realizzò il sofisticato ritratto del giovane Luigi XV, e i suoi lavori furono contesi da tutta la corte francese, affamata dei suoi ritratti considerati alla moda. Lusinghiera è l'accoglienza dei colleghi pittori francesi, tra i quali spicca il celebre Antoine Watteau. La nomina all'unanimità all'Académie Royale conferma il suo trionfo e la sua affermazione.

Ritornata a Venezia, nel 1723 trascorse alcuni mesi a Modena per ritrarre le Principesse Enrichetta, Benedetta e Anna d'Este e tutta la famiglia del Duca Rinaldo. Nel 1730 soggiornò circa sei mesi alla corte degli Asburgo di Vienna, assieme alla sorella Angela e al cognato, il noto pittore Antonio Pellegrini. Il suo più appassionato collezionista certamente fu Augusto III re di Polonia che, nel Palazzo Reale di Dresda, raccolse più di cento opere attribuite alla pittrice e alle sue allieve, tra cui il superbo ritratto della contessa Anna Orzelska.

Se nei ritratti per i suoi committenti oculatamente Rosalba Carriera instilla una misurata blandizie, nei suoi autoritratti la pittrice si scruta senza artifici, non mascherando la sua scarsa avvenenza, concependo opere di sconcertante modernità e di forte pathos, come il suo ultimo autoritratto, intitolato la Tragedia, dipinto attorno al 1746, poco prima di esser progressivamente privata della vista. Ormai settantenne, nei successivi dieci anni la pittrice si sottopose a tre operazioni agli occhi per tentare di recuperare forse la serenità nell'ultima vecchiaia. Secondo l'amico Antonio Maria Zanetti ormai compromessa nella lucidità dall'avanzare del morbo, Rosalba Carriera morì il 15 aprile 1757, e fu sepolta nella Chiesa dei Santi Vito e Modesto di Venezia.

Vanità, di Mattia Preti

1650-60 circa
93,5 x 63 cm
Tela
Firenze, Galleria degli Uffizi.

martedì 30 ottobre 2012

Mattia Preti (noto anche come Cavalier Calabrese), a soli 29 anni fu nominato Cavaliere di Malta. Tale onorificenza che notoriamente comporta lo svolgimento di attività a scopi benefici e di sostentamento ai più bisognosi, probabilmente sta all'origine della messa a punto della sua opera più nota, ossia "Vanità". Spicca su tutti il gesto di rifiuto delle ricchezze della protagonista della tela, accentuato sia dall'atteggiamento che dallo sguardo particolarmente ispirato. Dall'angolo superiore sinistro piove una calda luce naturale che contribuisce ad ammantare l'opera di misticismo, religiosità e colore . Evidenti atmosfere caravaggesche. Il Preti fa altresì denotare il suo interesse verso quei tipi di artisti, quale potrebbe essere il Domenichino - da lui certamente conosciuto nei suoi soggiorni romani - che prediligono l'attenzione all'abbigliamento e alle pose dei protagonisti. La tela fa parte del patrimonio della Galleria degli Uffizi solo a partire dal 1951, quando fu acquistata da una collezione privata. Probabilmente essa faceva parte di una composizione più ampia, poi successivamente tagliata.

Mattia Preti, detto il Cavalier Calabrese, nacque a Taverna (Catanzaro) nel 1613. Giunse a Roma agli inizi degli anni 30

entrando in contatto con la pittura di Caravaggio e dei caravaggisti. Importanti per la sua formazione furono i suoi viaggi ricordati dalle fonti ma di cui non si ha notizia certa. Quasi sicuramente si trovò nell'Italia settentrionale dove si accostò alla pittura emiliana dei Carracci, di Lanfranco, del Guercino e alla pittura veneta del Veronese.

Alla fase romana della sua attività appartengono gli affreschi in S. Giovanni Calibita e nell'abside di S. Andrea della Valle dove eseguì gli affreschi con Storie di S. Andrea; nel 1652 eseguì l'affresco in San Carlo ai Catinari a Roma rappresentante L'elemosina di San Carlo. L'anno successivo il pittore si trovò già a Napoli dove eseguì grandi serie di affreschi e numerose pale d'altare diventando personalità di spicco nella città.

Tra il 1657 e il 1659 eseguì gli affreschi votivi per la peste, oggi perduti, sulle porte della città; eseguì il ciclo, sul soffitto della chiesa di San Pietro a Maiella, con Storie della vita di San Pietro Celestino e Santa Caterina d'Alessandria, le due redazioni del Figliuol prodigo che oggi si trovano al museo di Capodimonte e a Palazzo Reale a Napoli, il San Sebastiano per la chiesa di S.Maria dei Sette Dolori e la Madonna di Costantinopoli nella chiesa di San'Agostino agli Scalzi. Nel 1661 l'artista si stabilì a Malta dove, come pittore ufficiale dei Cavalieri dell'Ordine, fu impegnato nella decorazione della cattedrale di S. Giovanni a La Valletta con Storie del Battista e in numerose tele per le chiese dell'isola.

Morì nel 1699 a La Valletta.

Un Dopo Pranzo, di Silvestro Lega

1868,
tela,
cm. 74 x 93,5.
Ubicato nella Pinacoteca di Brera.

mercoledì 7 novembre 2012

Il dipinto rappresenta un quieto momento familiare, una pausa, colta all'interno di una comunità femminile. Silvestro Lega ammanta di naturale religiosità una parte della vita semplice e genuina di alcune donne accentuandone la ritualità. Il nucleo delle tre donne al

centro (una fanciulla, una giovanotta e la signora col ventaglio) metaforicamente rappresenta le diverse età della vita e dunque l'incedere della stessa. Fra l'altro la signora volgendosi verso la domestica alla sua sinistra al contempo invita lo spettatore a una riflessione di natura senz'altro sociale ma anche religioso. Le distanze delle donne fra loro e il loro contesto all'interno di ombre, paesaggi e vegetazione denota la ricercatezza dell'armonia complessiva. Evidente la formazione purista dell'autore che si evidenzia per la predilezione dei contorni morbidi e i colori chiari.

Silvestro Lega (1826-1895), romagnolo di nascita, svolse la sua formazione giovanile presso l'Accademia di Belle Arti di Firenze dove fu allievo di Giuseppe Bezzuoli. Dopo un esordio dai tratti fondamentalmente accademici, si accostò alla tecnica a macchia degli artisti che si riunivano al Caffè Michelangelo, compiendo una evoluzione in senso realista ma con caratteristiche personali. Pittore molto dotato tecnicamente, realizzò le sue opere migliori tra il 1867 e il 1868, quali «Il canto dello stornello», «Il pergolato», «La visita», che rimangono tra le opere più alte dell'Ottocento italiano. Il contenuto dei suoi quadri tende ad esaltare la semplicità delicata e gli affetti puri che caratterizzano la piccola borghesia italiana di quegli anni. Nei suoi quadri vi è sempre un po' di commozione nostalgica per questo piccolo mondo vissuto in piccoli centri urbani.

Ritratto della giovane Errazuriz, di Giovanni Boldinì

1892
Tela
Firmato e datato
Collezione privata.

mercoledì 14 novembre 2012

Maestro dei ritratti femminili, qui Boldini insiste nel concetto di verticalità: gambe, ombrello e copricapo danno alla figura apparenze longilinee, ed anche il parquet, a ben vedere, "fugge" verso il basso. La donna, flessuosa e disinibita, afferma una certa autodeterminazione di emancipazione femminile, consapevole della propria femminilità. L'autore sembra incoraggiarla a sfuggire il protocollo per abbandonarsi sempre più, così da essere maggiormente libera, protagonista e ammirata. Pennellata virtuosa, esecuzione larga e veloce, Boldini lascia trasparire anche un certo interesse verso l'eleganza in genere.

Giovanni Boldini (Ferrara 1842 - Parigi 1931). Fu avviato all'arte dal padre Antonio (1789-1872), discepolo di T. Minardi e pittore di ritratti e quadri storici. Recatosi a Firenze (1865), si orientò verso l'arte dei macchiaioli, ma già manifestando uno spirito estroso vòlto alla ricerca di raffinate eleganze. Nel 1870 lasciò l'Italia. A Londra iniziò quella brillante opera di ritrattista che doveva dargli fama europea. Ma il centro della sua attività fu Parigi, dove si stabilì nel 1871, e l'oggetto della sua pittura divenne l'alta società parigina. Il suo disegno rapido, il colore squillante, il tocco audace e sicuro colgono bene il carattere di una società frivola e raffinata.

Ritratto del conte Sciarra-Martinengo Cesaresco, di Alessandro Bonvicino detto il Moretto

1542,
olio su tela,
cm. 113,6 x 93,9.
Conservato nella National Gallery di Londra.

martedì 20 novembre 2012

Splendido ritrattista, Moretto riesce a rendere estremamente espressivo e naturale perfino un ritratto ufficiale come questo. Invece di mostrarsi impettito e in posa, il conte Sciarra, paggio del re di Francia Enrico II e da questi nominato cavaliere di San Michele a soli diciotto anni, è sorpreso dal pittore in un atteggiamento meditabondo. Lo sguardo pigramente distolto dagli impegni personali (di cui si vedono tracce sul tavolo, i soldi e i guanti) è rivolto allo spettatore con un senso di fastidio. Capolavoro di indagine psicologica, il ritratto sembra riecheggiare lo stile di Lorenzo Lotto.

Morétto, Alessandro Bonvicino detto il. - Pittore (Brescia 1498 circa - ivi 1554). Discepolo di F. Ferramola, col quale dipinse (1516) le ante d'organo ora in S. Maria a Lovere, si formò però piuttosto sotto l'influsso del Savoldo, del Romanino e anche di Tiziano. Collaborò (1521) col Romanino alla decorazione della cappella del Ss. Sacramento in S. Giovanni Evangelista, a Brescia, vera galleria di quadri del M., che consente di seguire il suo stile a cominciare dall'Incoronazione. Le sue opere, numerose, si conservano a Brescia, nelle principali chiese e nella pinacoteca Tosio Martinengo, a Maguzzano, a Orzinuovi, a Pralboino, a Comero, al santuario di Paitone (1553); a Bergamo, in S. Andrea (1540); a Monselice, ecc., e nelle principali gallerie d'Europa. L'arte del M., che non subì grandi mutamenti di stile, è caratterizzata da una ricerca di ampie e nobili forme, pacatamente composte, in cui il colore (di origine veneta, ma modulato su una gamma in tutto originale, di toni grigi e argentini) assume grande valore espressivo. Tanto nei dipinti di soggetto religioso quanto nei ritratti M. cerca di esprimere una più semplice e quotidiana realtà, con accenti che lo differenziano dai Veneti contemporanei, per farlo partecipe della tradizione lombarda, sulla quale si formò poi anche il Caravaggio.

Natura morta con il drappo rosso, di Renato Guttuso

L'arte contemporanea, sembra dire l'artista, è costitutivamente povera, estrema, per così dire protestante...
mercoledì 28 novembre 2012

Olio su tela. 110 x 81 cm, 1942.

La composizione è apparentemente sobria e distaccata: potremmo perfino equivocare credendola di genere intimo. Essa tuttavia non tradisce la dimensione politica dell'arte di Guttuso: è una sorta di autoritratto in absentia con tanto di drappo rosso, teschio e libri sparsi - autoritratto di artista irato, che non ammette censura, che insorge.

Sullo sfondo quello che sembra essere il particolare di un quadro di Cezanne; in primo piano una sedia impagliata, un semplice oggetto di artigianato popolare: l'arte contemporanea, sembra dire l'artista, è costitutivamente povera, estrema, per così dire protestante.

Natura morta con il drappo rosso, di Renato Guttuso

Da Bagheria, 1912, a Roma, 1987. In questo arco di tempo si svolge la parabola esistenziale e artistica di Renato Guttuso. Nasce a Bagheria, in Sicilia, nel 1912 (lo stesso anno di Aligi Sassu). La sua esistenza vira da un'ipotetica laurea in legge alla carriera di pittore. Dai primi quadri raffiguranti i suoi contadini siciliani e compaesani, sino al celebre "Fuga dall'Etna" del 1937, o all'altrettanto celebre Vuccirria, il mercato popolare di Palermo. Già da ora, il pittore insegue un'esecuzione prettamente figurativa a cui fanno da corposo contraltare contenutistico temi ancorati al mondo contadino, rurale, popolare: temi sociali o soggetti dichiaratamente politici. Poi giunge a Roma e forma un gruppo con i pittori Birolli, Fontana e Persico. Scoppia la seconda guerra mondiale e l'artista dipinge una serie di quadri dal titolo "Gott mit Uns", "Dio è con noi", motto inciso sulle fibbie dei soldati tedeschi. La sue verve di polemista affiora di prepotenza. Guttuso non tradirà mai la sua personale "campagna di idee", che raggiungerà l'acme con "I funerali di Togliatti", opera manifesto dell'antifascismo. Nel dopoguerra segue stilisticamente il primo periodo di Pablo Picasso, quello cosiddetto "Blu". Nel 1946 fonda con Birolli, Vedova, Morlotti, Turcato il Fronte Nuovo delle Arti.

Nel 1968 esegue quadri che riflettono la situazione europea e francese. Si reca a Parigi dove ritrae i giovani nelle prime marce di protesta in quello che diverrà nel tempo il leggendario "maggio francese". Dal 1969 vive stabilmente a Roma, nella leggendaria via Margutta, la strada dei pittori, con la sua compagna Marta Marzotto, la splendida contessa ex mondina e modella. E' il periodo – per così dire - intimo dell'artista. Inizia ora infatti una serie di quadri prettamente autobiografici, tra i quali spicca forse uno dei suoi capolavori, "Strega Malinconica", del 1982.

Guttuso è un pittore che nonostante viva in un lasso di tempo fitto di mutamenti, sociali e culturali, e nonostante li viva tutti da assoluto protagonista, non cambia il proprio stile figurativo. Rimane in fondo sempre il pittore illuminato dalla sua rigogliosa e stellante Sicilia. La sua umanità è dipinta sempre con un tortuoso plasticismo. Nella forma umana, nervosa e tesa, ma sempre riconoscibile, e che lui concentra nella tela, c'è già tutto il dolore del mondo.

fonte: Biografia di Renato Guttuso su Italica

Cristo morto, di Andrea Mantegna

Tempera su tela,
cm 68 x 81. 1470 – 1480 circa.
Ubicato nella Pinacoteca di Brera (Milano).

martedì 4 dicembre 2012

Il "Cristo morto" è uno di quei dipinti eseguiti dal Mantegna durante il suo periodo manto-vano alla corte di Lodovico Gonzaga. I principali elementi di forza di questo dipinto sono l'ardito scorcio prospettico e lo strabiliante nitore dei particolari. L'insolito punto di vista adottato da Mantegna, che pone in primissimo piano le carni lacerate di Cristo, aveva lo scopo di suscitare nello spettatore intensi sentimenti di pietà e compassione, sentimenti che ben si confacevano a un dipinto pensato per essere oggetto di meditazione e devozio-

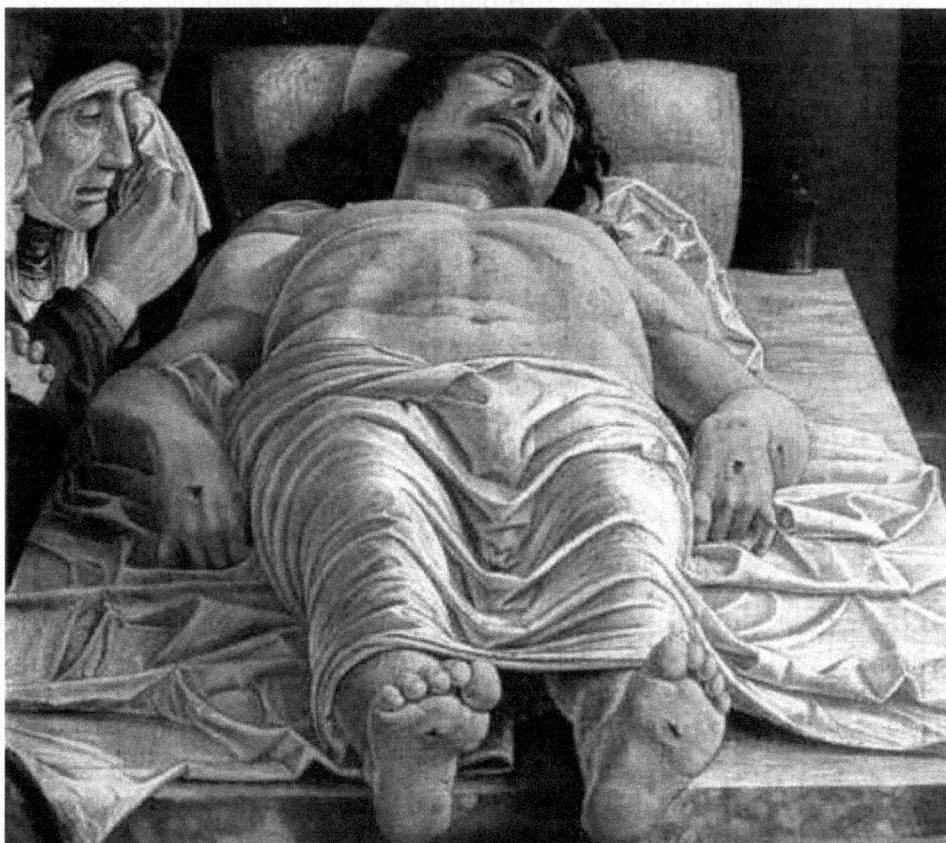

ne domestica. Cristo giace disteso su una lastra di marmo. Si tratta della pietra su cui, pri-ma della sepoltura, il suo corpo sarebbe stato lavato e cosparso di olio, come indica la presenza a destra di un vasetto che possiamo immaginare pieno di unguento profuma-to. La testa di Cristo è circondata da un'aureola realizzata con polvere d'oro e poggia su un alto cuscino, un espediente, questo, adottato da Mantegna per rendere più visibile allo spettatore il volto santo. Il lenzuolo che cinge i fianchi di Cristo è il sudario con cui il suo corpo verrà avvolto al momento della sepoltura. Il compianto di Cristo morto si svolge in un interno: a destra si intravedono il pavimento composto da piccoli mattoni e una porta che si affaccia su una seconda stanza completamente buia. Accanto al corpo di Cristo sono presenti la Madonna, Giovanni d'Arimatea e una terza figura che dovrebbe essere Maddalena. Il nitore con cui ancora oggi risaltano i particolari del dipinto è stupefacente: basti osservare le lacrime, trasparenti e fragili come cristallo, che solcano i volti di Giovanni d'Arimatea e della Madonna. Se tali dettagli sembrano cesellati piuttosto che dipinti, ciò dipende dalla tecnica che in quest'opera è stata adottata da Mantegna: il maestro ha utilizzato la tempera invece dei più brillanti colori a olio e non ha steso sul dipinto il consueto strato di vernice trasparente. Quest'ultimo, infatti, esaltava i colori della superficie pittorica ma aveva il difetto di nascondere i dettagli più delicati.

Biografia a cura di Storiadell'arte.com

Andrea Mantegna nacque a Isola di Carturo verso la fine del 1430, inizi del 1431. Verso i 10 anni si trasferisce a Padova dove entra nella bottega di Francesco Squarcione. In questa città, a quel tempo, operavano artisti come Paolo Uccello, Filippo Lippi e Donatello quindi un panorama culturale ricco e stimolante per un giovane artista come Mantegna. Nel 1448 viene chiamato a far parte della squadra di artisti che decoravano la cappella Ovetari della chiesa degli Eremitani a Padova dove dipinse: Storie di San Giacomo e San Cristoforo. Di questo ciclo di affreschi oggi ci restano solo le figure di Apostoli, L'assunta dell'abside e le due storie del Martirio di San Cristoforo e il Trasporto del corpo del Santo che furono trasferite altrove a causa del loro cattivo stato di conservazione, gli altri affreschi rimasti in loco sono andati perduti durante l'ultima guerra mondiale.

Comunque in queste opere è possibile osservare il carattere dell'opera di Mantegna il quale utilizza un disegno incisivo dando alle forme un profilo angoloso che si staglia nettamente sul fondo, la prospettiva viene usata per dare monumentalità alle scene e ai personaggi che le animano. Nel Martirio di San Cristoforo e nel Trasporto del corpo del Santo possiamo notare una minor durezza e una minor asprezza dei colori, questo perché intanto il pittore era venuto in contatto con le opere di Gentile e Giovanni Bellini caratterizzate da minore durezza rispetto alle sue; esemplare in questo senso è L'orazione nell'orto della National Gallery di Londra.

Di poco posteriore è il Polittico di San Luca alla pinacoteca di Brera e la Sant'Eufemia della galleria di Capodimonte a Napoli. Nel 1457 riceve la commissione per il Polittico di San Zeno per la chiesa del santo a Verona che è uno dei suoi massimi capolavori. La scena principale, rappresentante la sacra conversazione, è rappresentata all'interno di un quadriportico classico; mentre nella predella sono dipinte Scene della Passione oggi conservate al Louvre e al museo di Tours, tra le quali la Crocifissione. Nel 1460 fu invitato da Ludovico Gonzaga a Mantova dove diventerà artista di corte. Qui si dedica alla decorazione della Camera degli sposi nel palazzo ducale, per la quale idea una serie di grandi scene con punto di vista unico coincidente con il centro della stanza e una fonte di luce che corrisponde a quella reale.

In alcune scene fa una ricostruzione precisa dei personaggi e dell'ambiente che si trovava alla corte dei Gonzaga, come l'Incontro di Ludovico Gonzaga con il figlio Francesco appena eletto cardinale e la Corte dei Gonzaga. Nella volta dipinge il famoso oculo circolare aperto verso uno splendido cielo dipinto, e dal quale si affacciano figure e animali. Gli affreschi per la camera degli sposi vengono terminati probabilmente nel 1474. Dipinge in questo periodo anche una serie di ritratti dei personaggi di corte e affresca una cappella del castello di San Giorgio oggi il tutto però è andato perduto.

Dipinge inoltre una serie di piccole tavole che in origine dovevano essere collegate tra loro, ma che oggi si trovano smembrate in vari musei, tra le quali La morte della Vergine oggi al museo del Prado di Madrid e il cosiddetto Trittico degli Uffizi di cui fa parte l'Adorazione dei Magi. Sempre a questo periodo appartengono il Cristo morto di Brera famoso per lo scorcio piuttosto ardito e il San Sebastiano del Museo del Louvre.

Nel 1485 inizia una serie di grandi tele dipinte a tempera con il Trionfo di Cesare che però interrompe per un viaggio a Roma dove per Innocenzo VIII dipinge una cappella dei palazzi Vaticani poi andata distrutta nel 1780. Alla fine del quattrocento Mantegna è a Mantova dove dipinge la Madonna della vittoria commissionatagli da Francesco Gonzaga per celebrare la vittoria ottenuta nella battaglia di Fornovo del 1495, nel 1497 dipinge per la chiesa di Santa Maria in Organo a Verona la Madonna di Trivulzio.

Dipinge poi per lo studiolo di Isabella d'Este due tele a carattere mitologico: il Parnaso e Minerva che caccia i vizi, una terza tela rappresentante la Favola del dio Como rimase incompiuta a causa della morte dell'artista che avvenne il 13 settembre del 1506.

52

Ritratto dei coniugi Arnolfini, di Jan Van Eyck

Olio su tavola,
cm 82,2 x 60. 1434.
Ubicato nella National Gallery di Londra.
martedì 11 dicembre 2012

Van Eyck ci introduce nella casa di un ricco mercante di origine lucchese, Giovanni Arnolfini, e ci fa assistere alle sue nozze con Giovanna Cenami. Siamo così testimoni del nuovo, prestigioso status sociale che la facoltosa borghesia mercantile raggiunse nelle Fiandre nel corso del XV secolo. Quest'opera ne è infatti un documento prezioso: il committente non appartiene all'aristocrazia locale, è un mercante, per di più straniero, ma può farsi ritrarre dal rappresentante più prestigioso della scuola pittorica fiamminga.

Il pennello di Van Eyck si sofferma con minuzia sui particolari e rende con inaudita finezza tecnica le caratteristiche luminose e tattili degli oggetti conservati nella stanza. Pare dunque che il pittore assuma quasi il ruolo di un cronista, che riproduce scrupolosamente l'interno di una casa borghese del tempo (anche se il significato di molti degli oggetti rappresentati vanno al di là di un semplice "inventario d'arredamento" ma sono connessi all'evento che si sta celebrando). Il cane rappresenta l'impegno della fedeltà coniugale. La mela sul davanzale della finestra è un antico simbolo della Passione di Cristo (dunque ammonimento a vivere l'esperienza coniugale in sintonia con i principi della fede cristiana). La candela accesa sul candelabro (che con la sua poca luce non serve certo a illuminare l'ambiente) ricorda, anche in un momento gioioso come questo, la brevità dell'esistenza terrena. Infine il rosario appeso al muro rappresenta il dialogo quotidiano che i coniugi intrattengono con Dio.

Tornando all'arredamento in senso stretto, particolari come il candelabro o la finestra mostrano bene il virtuosismo pittorico con cui Van Eyck sapeva rendere il gioco dei riflessi luminosi sulle superfici. Un curioso particolare del dipinto è lo specchio appeso al muro: in esso si vedono riflessi gli sposi e davanti a loro altre due figure, vestite di blu e rosso, che assistono alla celebrazione. Molto probabilmente si tratta dello stesso Van Eyck, presente – a quanto pare – in funzione di testimone oculare alla cerimonia. La firma del pittore che sormonta lo specchio "Johannes de eyck fuit hic" (Jan van Eyck fu qui), dà un' ulteriore conferma a questa ipotesi.

Jan Van Eyck nacque intorno al 1390 a Maaseik e morì a Bruges 1441.

Elogiato dai contemporanei come "il principe dei pittori del nostro secolo", fu l'iniziatore della scuola fiamminga, ed uno dei grandi maestri della pittura gotica.

Jan van Eyck iniziò la sua carriera artistica eseguendo alcune miniature del Libro d'ore che probabilmente appartenne a Guglielmo di Baviera.

A questo periodo risalgono anche le sette pagine miniate delle Ore di Torino, di cui quattro andarono distrutte nell'incendio della biblioteca nazionale nel 1904, mentre le tre rimanenti si trovano tuttora nel Museo Civico di Torino.

Anche in questi primi lavori del pittore, è evidente il vivo interesse naturalistio che si esprime in delicate e vibranti rappresentazioni paesaggistiche.

Il pittore rimase all'Aia dal 1422 al 1424, al servizio di Giovanni di Baviera conte di Olanda.

Nel 1425 Jan Van Eyck passò a Lille al servizio del duca di Borgogna, Filippo il buono, del quale fu non solo pittore ufficiale, ma anche intimo amico, consigliere e agente segreto.

Si sa di due missioni all'estero, nel 1426 e nel 1429, quest'ultima in Portogallo per trattare il matrimonio della figlia del re con il duca e che determinò l'inizio della profonda influenza dell'arte fiamminga su quella Portoghese.

Jan Van Eyck nel 1430, ormai celebre pittore, si stabilì a Bruges dove lavorò con il fratello Hubert, perfezionando il suo senso della prospettiva che, a differenza della scuola di Rinascimento Italiano, che era impegnata in una ricerca artistica volta a suggerire la spazialità del dipinto per fondare insieme in uno spazio omogeneo, avvenimento e architettura, Van Eyck catturava la realtà concreta nelle sue esatte proporzioni, senza ricorrere apparentemente a calcoli matematici.

Lo stile di Jan van Eyck dedicandosi con tanta passione alla natura che conteneva gli avvenimenri dipinti, costituiva per la pittura fiamminga un notevole progresso, dato che fino a pochi decenni prima, sia il paesaggio sia l'architettura che includevano la storia sacra erano solo fondi schematici, simili a scene teatrali.

Le opere firmate che ci rimangono, circa una decina, includono il famoso Polittico di Gand (1432), I coniugi Arnolfini (1434, Londra, National Gallery), la Madonna del cancelliere Rolin (1433, Parigi, Louvre), la Madonna di Lucca (1436, Francoforte, Stadelsches Kunstinstitut), L'Annunciazione (1435), la scultorea Madonna del canonico van der Paele (1436) e per finire con la ritrattistica.

Anche in questa Jan Van Eyck rivoluzionò l'impianto tradizionale, portando l'attenzione tutta sul volto del modello, come è evidente in Timoteo, l'Uomo col turbante rosso, Jan de Leeuw, la moglie Margaretha van Eyck.

L'influenza dell'opera di Jan van Eyck fu vastissima, non solo in patria, ma anche in Italia, soprattutto attraverso Antonello da Messina, nella penisola Iberica tramite Dalmau e nell'area tedesca.

Jan van Eyck fu anche il perfezionatore della tecnica della pittura ad olio che gradualmente sostituì in Europa l'uso del colore a tempera.

(Biografia a cura del sito www.settemuse.it)

San Pietro e San Paolo, di Domenico Theotokòpulos, detto El Greco

1587-1596.
Olio su tela,
cm 121,5 x 105.
Ubicato nel museo Ermitage di San Pietroburgo.

martedì 18 dicembre 2012

In questo dipinto El Greco innanzitutto tiene a sottolineare la differenza di temperamento e di carattere dei due santi: da un lato Pietro, spirito affabile e tranquillo, compostamente avvolto in un manto giallo-ocra, e con in mano le chiavi d'oro del Paradiso; dall'altro lato Paolo, "cavaliere della fede" energico e combattivo, ornato da un ridondante panno rosso che lo avvolge come una fiamma. Nell'interno, spoglio e denso di ombre in cui è ambientato il dipinto, divide le due figure un pilastro chiaro, simbolo della solidità della loro fede; ad unirle sono invece le mani, che s'intrecciano senza toccarsi, per suggerire forse le loro discussioni sulla dottrina cristiana (ipotesi rafforzata dal gesto deciso con cui Paolo indica la pagina di un libro aperto). Il dipinto sarebbe allora un riferimento preciso all'incontro che i due apostoli ebbero ad Antiochia e di cui parla l'Epistola di San Paolo ai Galati: in quell'occasione, la concezione della cristianità come religione universale aperta a tutti i popoli, propria di Paolo, si confrontò con quella più ristretta sostenuta da Pietro. El Greco condivideva probabilmente le idee del primo, se è vero – come è stato supposto – che il volto affilato di Paolo è un autoritratto. L'ombra di una croce proiettata sul muro spoglio alle spalle di Pietro, allude probabilmente alla sua futura crocifissione.

Domenico Theotokòpulos Nato a Creta, El Greco è stato addestrato come un pittore di icone. Due esempi du tanti sopravvivono, e questi ci ricordano la neo-platonica, non naturalistica base dell'arte del Greco, prima discepolo di Tiziano e dopo avido studente di Tintoretto, Veronese e Jacopo Bassano . Si trasferisce a Venezia nel 1567 (Creta era un territorio veneziano). Si impegnò a padroneggiare gli elementi della pittura rinascimentale, tra cui il punto di vista, la costruzione figurale e la capacità di mettere in scena narrazioni elaborate. Tra le sue opere più belle di questo periodo è *Il miracolo di Cristo guarisce il cieco* (1978,416). Più tardi, in Spagna, El Greco ha scritto trattati sulla pittura. Anche se questi sono andati perduti, possediamo le copie di sua proprietà del trattato di architettura dallo scrittore antico Vitruvio e delle Vite di Vasari. Da Venezia, El Greco si trasferisce a Roma, dove ha lavorato dal 1570-1576. Arrivò con una lettera di raccomandazione del miniatore croato Giulio Clovio, che lo ha introdotto nel palazzo del cardinale Alessandro Farnese, forse il patrono tra i più influenti e ricchi in tutta Roma. Nel 1572, entrò a far parte dell'Accademia di pittura e aprì un negozio, assumendo almeno un assistente, e forse due. La sua intenzione doveva essere quella di perseguire una carriera romana, ma dopo sei anni aveva ricevuto una commissione unica per un altare. El Greco aveva sconsideratamente criticato l'arte di Michelangelo come pittore, un parere che ha generato poca fiducia nelle sue capacità e può essere servito a ostracizzare lui dalla creazione dell'arte romana (Michelangelo era morto nel 1564, ma il suo prestigio a Roma era intatto). Queste critiche non furono di buon auspicio per la sua carriera in Spagna, dove si è trasferito nel 1576. A Madrid, la sua offerta per il patrocinio reale da Filippo II non andò a buon fine. Si stabilì a Toledo e El Greco incontrò il successo come artista. In questa antica città, che El Greco ha immortalato in uno dei paesaggi più celebri dell'arte occidentale: la *Veduta di Toledo*, ha trovato un circolo di amici intellettuali e mecenati e forgiato una carriera altamente redditizia. Diego de Castilla, decano della cattedrale di Toledo, commissionò a El Greco di dipingere le tre pale d'altare per la chiesa di Santo Domingo el Antiguo di Toledo. Questi sono tra i capolavori più ambiziosi del Greco. In essi si possono trovare tutti i vari stili che aveva sperimentato in Italia: il naturalismo che ha caratterizzato i suoi ritratti, la tecnica pittorica che aveva imparato a Venezia , le idee compositive audaci del tardo Michelangelo e uno stile manierista sulla eleganza e la raffinatezza.

Una controversia di origine economica su un compenso richiesto da El Greco per la Espolio ha portato ad un contenzioso e ha lasciato un segno sulla successiva carriera dell'artista: non ha mai ricevuto un altro incarico comparabile da parte delle autorità della cattedrale e i suoi lavori futuri provennero da privati e conventi della città. Il dipinto più celebre di El Greco, *La sepoltura del conte di Orgaz*, è stato commissionato dal parroco di Santo Tomé a Toledo nel 1586 per celebrare la restituzione di un obbligo finanziario alla chiesa. L'immagine raffigura il miracolo e l'anima del conte accolta in Paradiso. La figura serve così da intermediario tra il mondo reale dello spettatore e il mondo immaginario della pittura, che guadagna risonanza con l'inserimento di una serie di ritratti di contemporanei del Greco. *La sepoltura del conte di Orgaz* è fondamentale per la nostra comprensione di El Greco, perché racchiude in sé l'oggetto della sua arte, che è quello di suggerire una visionaria esperienza, un'espressione che non è un'estensione del nostro mondo fisico, ma delle nostre facoltà immaginative. Toledo era lontana dal fermento artistico di Roma, ma non era un baluardo contro le forze culturali oltre che artistiche, che modellarono l'arte del XVII secolo. E' fin troppo facile constatare il raggiungimento del Greco di una sorta di isolamento, come se la sua arte fosse al di fuori del suo tempo, un'arte in attesa di essere scoperta dall'era moderna. Eppure, quando El Greco è morto nel 1614, Caravaggio e Annibale Carracci, i creatori del nuovo stile barocco, erano stati sepolti da quattro e cinque anni, rispettivamente. E' sufficiente citare queste cifre per rendersi conto che, sotto molti aspetti l'arte del Greco apparteneva al passato, non al futuro: il mondo del Manierismo, con la sua enfasi sulla fantasia dell'artista, piuttosto che la riproduzione della natura.

Eppure sono le opere più stravaganti della tarda produzione dell'artista, come ad esempio *L'apertura del quinto sigillo*, in cui le figure sono allungate al di là di credibilità e le loro forme si smaterializzano da una pennellata tremolante, che hanno fatto appello così fortemente ai gusti moderni. El Greco respinse il naturalismo come veicolo per la sua arte come ha respinto l'idea di un'arte facilmente accessibile a un vasto pubblico. Il paradosso è che, nel momento in cui appare palese l'artificio inerente Manierismo, è stata criticato come un'indulgenza, e gli artisti, a Roma, cercarono di liberare i loro dipinti di tutto ciò che poteva sembrare semplice visualizzazione, mentre El Greco ha preso proprio il percorso inverso. Ha allungato le forme, scorcio radicale e colori irreali la base stessa della sua arte. La differenza era che ha realizzato questi effetti profondamente espressivi e non solo emblemi di virtuosismo. Nessun altro grande artista occidentale ha spostato mentalmente, come El Greco ha fatto nei confronti del mondo piatto e simbolico delle icone bizantine, con una visione umanistica della pittura rinascimentale, e quindi con un modello prevalentemente concettuale dell'arte. Quei mondi avevano una cosa in comune: il rispetto per la teoria neo-platonica di arte, che incarna una sfera superiore dello spirito. Il Modernismo de El Greco si basa sul suo ripudio del mondo delle apparenze semplici a favore del regno dell'intelletto e dello spirito.

Col volto reclinato sulla sinistra / Orazio Leotta

La Gioconda, di Leonardo da Vinci

1503-1515.
Olio su tavola,
cm 77 x 53.
Ubicata al Louvre di Parigi.

martedì 25 dicembre 2012

Quello che è forse il dipinto più famoso di tutti i tempi fu portato in Francia da Leonardo stesso alla sua partenza dall'Italia. Quando il re Francesco I lo vide volle averlo ad ogni costo, arrivando addirittura a pagare quattromila ducati. Da allora la tavola rimase proprietà dei reali francesi fino a quando, per volontà di Napoleone, fu portata al Louvre. "La Gioconda", universalmente considerata un modello di ritratto ideale, fu in un certo senso, la "compagna" dell'intera vita di Leonardo e rappresentò l'intimo dialogo che il pittore ebbe con se stesso riguardo alla propria concezione del mondo e della pittura. Dietro alla composta serenità di questo volto si agitarono le passioni dell'artista che, nella ricerca incessante della perfezione e nella volontà di dar corpo alle proprie idee, ritoccò continuamente il dipinto, praticamente senza mai considerarlo terminato. Le grandi innovazioni che Leonardo introdusse nella pittura del Rinascimento confluirono tutte nel quadro e divennero un mezzo efficace per realizzare l'idea che fu il centro delle sue riflessioni: l'anima si coglie attraverso l'espressione del volto quindi il ritratto ne costituisce il riflesso più diretto. Il volto di questa donna e il suo sorriso attrassero l'attenzione sin da subito. Giorgio Vasari, in particolare, racconta come Leonardo avesse usato ogni mezzo per ottenere dal-

la modella (da lui identificata come monna Lisa, moglie del fiorentino Francesco del Giocondo) il suo magnifico sorriso, dilettandola, mentre la ritraeva, con musiche e buffoni e riuscendo infine a realizzare nel dipinto "un ghigno tanto piacevole che era cosa più divina che umana". Il paesaggio sullo sfondo, avvolto da dense nebbie, incarna l'idea di "pittura atmosferica" elaborata da Leonardo. Secondo il maestro, il pittore doveva riprodurre nella propria opera gli effetti ottici che coglieva nella realtà sensibile e rendere, in particolare, l'umidità dell'aria e l'incidenza della luce in relazione ad essa, che hanno un peso determinante nel modo in cui l'occhio percepisce gli oggetti. Prima di Leonardo i pittori miravano a definire, fino all'illusione ottica, la forma e il rilievo dei volumi. Qui invece l'imprecisione e l'indeterminatezza nel modellato e nel disegno vengono espressamente ricercati e giustificati dalla volontà di creare quella luce di crepuscolo di cui Leonardo nei suoi testi ha vantato la seduzione. L'influenza immediata de "La Gioconda" a Firenze, dove Leonardo aveva cominciato a dipingerla, si riscontra ad esempio nei ritratti che Raffaello stava realizzando per i coniugi Doni. La Maddalena Doni ricalca l'impostazione della Gioconda, anche se, a differenza di questa, riempie l'intero primo piano del dipinto con la sua imponente presenza fisica. La pittura nettissima e i colori brillanti di Raffaello creano un'immagine nitida e lineare il cui risultato espressivo è all'opposto di quello raggiunto da Leonardo.

Il giuramento degli Orazi, di Jacques-Louis David

1784.
Olio su tela,
cm 330 x 125.
Ubicato al Museo Louvre di Parigi.

mercoledì 2 gennaio 2013

Questa solenne rappresentazione di un episodio della più antica storia romana cambiò il corso della pittura moderna e, commissionata da Luigi XVI, divenne, paradossalmente, il simbolo di una cultura e di uno spirito che di lì a poco sarebbero sfociati nella rivoluzione francese. La tela fu dipinta da David proprio a Roma. La vicenda (il giuramento che precede il duello fra tre fratelli romani e tre fratelli di Alba Longa, i Curiazi, che decise le sorti della guerra fra le due città, nel VII secolo a.C.) offriva i caratteri di nobiltà ed esaltazione delle virtù patriottiche che lo spirito dell'epoca prediligeva. David seppe qui comporre un'opera che per la sua austera essenzialità traduceva in pittura la dimensione eroica suscitata in ogni uomo dall'amor di patria. L'ambientazione è scarna ed essenziale. Pochi elementi dividono il dipinto in tre aree distinte, sottolineate da altrettante arcate sullo sfondo. All'interno di questi settori si collocano le figure principali: sulla sinistra in primo piano gli Orazi, dall'impeto eroico e dalla prestanza statuaria; al centro il padre e sulla destra, raccolte nel dolore e in parte nascoste nell'ombra, le donne della famiglia. Attraverso tanta spartana essenzialità, David esalta lo spirito di un'età arcaica dominata da leggi severe e moralità di costumi, in cui il bene dello Stato veniva fieramente preposto alla

stessa vita dei singoli. Per decidere dunque le sorti della guerra tra Roma e Alba Longa, fu stabilito che alcuni guerrieri dei due campi combattessero tra loro: per i romani furono scelti i tre fratelli Orazi, per gli albani i tre (gemelli) Curiazi. Di questa storia, narrata dallo storico romano Tito Livio, David sceglie il momento del giuramento dei tre Orazi di fronte al padre, trasmettendone tutta l'intensità eroica attraverso alcuni precisi espedienti. In primo luogo l'uso della luce che, colpendo decisa il profilo del giovane in primo piano, ne defini-sce con energia le forme compatte e la posa fiera e immobile, dando ai volumi una solidità quasi marmorea. Particolarmente studiata è anche la teatralità delle pose, dall'impatto visi-vo ed emotivo immediato: l'ampio gesto delle braccia tese verso le spade manifesta un sentimento di grande fierezza, mentre la fermezza virile degli eroi è resa attraverso la sal-da posizione delle gambe divaricate, che stabilizza l'intero gruppo chiudendolo entro un unico blocco compatto.

Jacques-Louis David. - Pittore (Parigi 1748 - Bruxelles 1825), figura dominante della pittu-ra neoclassica europea. Allievo di J.-M. Vien, cominciò a dipingere secondo la tradizione settecentesca francese; ma un soggiorno a Roma (1775-80) modificò radicalmente il suo stile. Dallo studio dei maestri del sec. 17° passò all'ammirazione entusiastica per gli anti-chi; ma, a differenza dei classicisti italiani che nell'antico vedevano realizzato il bello idea-le, egli era mosso da interessi morali che lo portavano a cercare negli eroi greci e romani altrettanti esempî di virtù civile. Si formò così uno stile solenne e asciutto, sdegnoso d'ogni grazia di forma o di colore, ma severissimo e nobile nella composizione e nel disegno. Ap-partengono a questo periodo il Belisario (1781, museo di Lilla), il Giuramento degli Orazî (1784, Louvre), la Morte di Socrate (1787). Il grande successo del D. in quegli anni fu in parte dovuto ai sentimenti rivoluzionarî che trasparivano nelle sue opere; e alla Rivoluzio-ne D. partecipò ardentemente: il Marat (1793, museo di Bruxelles) è la sua opera più alta e più drammatica. Incarcerato durante la reazione termidoriana e poi liberato, aprì una scuola che raccolse allievi d'ogni parte d'Europa. In Napoleone, D. vide incarnato il suo ideale eroico. Eseguì di lui due ritratti, e per suo incarico le due grandi tele (1805-1810) con l'Incoronazione (Louvre) e la Consegna delle Aquile (Versailles). Altra opera importan-tissima è, nel 1812, Leonida alle Termopili. Dopo i Cento giorni si rifugiò a Bruxelles, dove continuò la sua attività in forme sempre più stanche e accademiche (Amore e Psiche; Ve-nere disarma Marte, ecc.). Notevolissimi, per la penetrazione psicologica e il colore più mosso e accordato, i ritratti. Enorme fu la sua influenza sulla pittura europea. Le opere sono in gran parte nei musei francesi e belgi.

Ritratto di donna anziana, di Guido Reni

1615-1620
Olio su tela,
cm 64 x 55
Ubicato nella Pinacoteca Nazionale di Bologna.

martedì 8 gennaio 2013

Tradizionalmente considerato il ritratto della madre (Ginevra Pucci) dell'artista, senza però alcuna base documentaria, il quadro mostra tutta l'abilità di Reni nell'introspezione psicologica. Il taglio a mezzobusto e il velo che si staglia sul fondo nero obbligano lo sguardo dello spettatore a incontrarsi con quello della donna il cui viso sembra sbocciare fra i "petali" del colletto. L'austerità dell'insieme incute quasi imbarazzo in chi osserva quel volto che, pur essendo segnato dall'età, lascia intravedere i trascorsi di un'aristocratica bellezza. Una curiosità: lo spettatore attento ravviserà la presenza di questo dipinto (naturalmente una copia) durante la visione di "La Migliore Offerta", l'ultimo film di Giuseppe Tornatore. La tela, infatti, fa parte, insieme a tante altre, della segreta pinacoteca personale del protagonista, appassionato collezionista di ritratti femminili.

Guido Reni nacque nel 1575 a Bologna. Si formò alla bottega del pittore Denijs Calvaert, dopodichè frequentò l'accademia dei Carracci. Le opere che eseguì tra il 1604 e 1614 mostrano il superamento dei modi manieristici, per lasciare il posto ad un modo di dipingere più personale, in cui prevale l'armonia delle forme e l'equilibrio della composizione. Le opere appartenenti a questo periodo sono: gli affreschi della Cappella Paolina in Santa Maria Maggiore a Roma, gli affreschi della sala Delle Dame e della sala delle Nozze Aldobrandini in Vaticano, gli affreschi della Cappella dell'Annunciata al Quirinale. Seguono a questi i suoi capolavori quali l'*Aurora* del Casino di Palazzo Rospigliosi Pallavicini a Roma, *la Strage degli Innocenti*, *il Sansone vittorioso* e *il Ritratto della madre* alla Pinacoteca Nazionale di Bologna. Il periodo successivo segna la piena maturità artistica del pittore, con opere quali *Atalanta* e *Ippomene* alla galleria di Capodimonte a Napoli, *la Madonna del Rosario* alla Pinacoteca di Bologna, *le Fatiche di Ercole* al Louvre, *la Lucrezia* e *la Cleopatra* che si trovano alla Pinacoteca Capitolina di Roma. Nelle ultime opere lo stile del pittore si modifica: il colore si fa più spento e la forma perde consistenza come nel *San Sebastiano* della Pinacoteca di Bologna e *l'Adorazione dei Magi* della Certosa di San Martino a Napoli. Guido Reni morì a Bologna nel 1642.

Fruttivendola, di Vincenzo Campi

Olio su tela
cm 145 x 215. 1580 – 1590 circa
Ubicato nella Pinacoteca di Brera (Milano)

martedì 22 gennaio 2013

Nel panorama della storia della natura morta italiana, la "Fruttivendola" è considerata una delle prove più antiche e degne di attenzione. Il soggetto riscosse un grande successo anche presso (i suoi) contemporanei e venne infatti replicato più volte dal pittore e dalla sua bottega.

La "Fruttivendola" coniuga elementi tipici di linguaggi artistici vecchi e nuovi. Alcuni partico-

lari come il paesaggio, la fisionomia della donna e le figurine indaffarate sullo sfondo fanno parte di un repertorio di modelli tipici della pittura manieristica. Al contrario, la puntuale descrizione del tripudio di frutta e verdura in primo piano è espressione di una moderna sensibilità nei confronti del dato reale, una sensibilità che avrebbe trovato di lì a poco un interprete di eccezione in un altro pittore lombardo, il giovane Caravaggio, autore, ad esempio, del celebre "Canestro di frutta".

Rispetto a quelle che possono essere state le fonti fiamminghe che hanno ispirato Campi, la "Fruttivendola" presenta alcune significative peculiarità. Innanzitutto la suddivisione per tipo e la disposizione ordinata dei frutti è paragonabile a una classificazione scientifica. A ciascun prodotto della terra, il pittore assegna un diverso contenitore: si va dal piatto in metallo per le albicocche alla grande tinozza in legno per l'uva, dal cesto intrecciato per le pere alla ciotola in ceramica per le ciliegie. Inoltre in Campi manca l'inserimento della scena in un'ambientazione cittadina e di mercato,caratteristica invece costante per i quadri fiamminghi.

Alla "Fruttivendola" vengono accostate altre tre opere realizzate da Vincenzo Campi: "Pescivendola", "Cucina" e "Pollivendola". Simili sono infatti soggetti e le misure delle tele. Non è però certo che i quattro dipinti formassero sin dall'origine una serie concepita unitariamente. La loro esecuzione sembra infatti ascrivibile a momenti diversi dell'attività del maestro cremonese.

Vincenzo Campi. Nato a Cremona nel 1536 e formato alla scuola pittorica cremonese dei suoi fratelli maggiori Giulio e Antonio, Vincenzo Campi si avvicina alle ricerche naturalistiche che si stavano conducendo in quegli anni a Brescia. Attratto anche dai maestri fiamminghi, si dedica anche a grandi composizioni di pittura di genere, molte delle quali sono oggi conservate al Museo di Brera a Milano. Nel 1588 è impegnato alla decorazione della volta di San Paolo a Milano dove si ricollega alle ricerche sull'illusionismo prospettico già condotte dai fratelli, proponendo scene con figure inquadrate da elementi architettonici fortemente scorciati. Vincenzo Campi muore a Cremona nel 1591.

Te arii vahinè - la donna regale (o dei Manghi), di Paul Gauguin

1896
Olio su tela
cm 97 x 130
Ubicato al Museo Pushkin di Mosca

martedì 29 gennaio 2013

Appena terminato di dipingere questa tela, Gauguin non esitò a definirla il suo miglior lavoro fatto fino a quel momento. Il pittore era a Tahiti, dove si era recato per la seconda volta, in fuga dalla civiltà e in cerca di esperienze con il primitivo. Per Gauguin, come per altri artisti della sua generazione, la scelta di divenire pittore coincise con una rivolta, una fuga dalla società borghese, una via per trovare ed esprimere se stesso. Nel suo caso scegliere

di essere un pittore a tempo pieno, significò anche la rottura con la moglie (da cui aveva avuto cinque figli), la fine della serenità e l'inizio di un'esistenza errabonda e sofferta.

Instancabile sperimentatore, seppe assimilare e far propri i diversi stimoli da cui prese spunto: fu innovatore e foriero di soluzioni artistiche sintetiche e simboliste, capace anche di distaccarsi dalla realtà apparente, rinunciando alla costruzione dello spazio mediante la prospettiva tradizionale; gli sfondi, come nelle stampe giapponesi, divennero così fondali decorativi. E' il colore stesso, racchiuso entro linee di contorno tese, steso ampio, senza mescolature ad assumere il compito di dare struttura e profondità alla composizione (vedi il paesaggio del quadro, suggestivo e lussureggiante).

Il serpente che si avvolge al tronco dell'albero in secondo piano suggerisce di leggere, nella donna mollemente sdraiata, una immagine di Eva. Ma si tratta di una Eva primitiva,

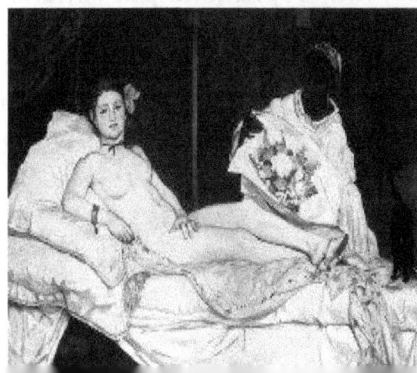

sprovvista di ogni allusione al peccato e al proibito: la sua Eva tahitiana è acuta e sapiente nella sua ingenuità e in fondo ai suoi occhi si può cogliere qualcosa di enigmatico e inafferrabile. La sua Eva, relativamente alla posa del corpo nudo ricorda altre opere della pittura occidentale quali "La Maya Desnuda" di Goya e l'"Olimpia" di Manet, ma rispetto alle conturbanti figure femminili dell'arte occidentale, la bellezza tahitiana è sprovvista di quella maliziosa sfida dello sguardo, dell'ambiguità del volto che insieme attrae e sfugge e poi lo sguardo non è rivolto verso lo spettatore. Più pertinente invece risulta l'accostamento con "Il riposo di Diana" di Lucas Cranach il vecchio, anche per la composizione generale della scena.

Paul Gauguin (1848-1903), pittore francese, è stato uno dei protagonisti della fase artistica che definiamo post-impressionismo. Egli incarna un altro archetipo di artista: l'artista che vuole evadere dalla società e dai suoi problemi per ritrovare un mondo più puro ed incontaminato. Egli, al pari di tutti gli altri artisti e poeti francesi di fine secolo, vive sullo stesso piano la sua vita privata e la sua attività artistica. E le vive con quello spirito di continua insoddisfazione e di continua ricerca di qualcosa d'altro che lo portò a girovagare per mezzo mondo, attratto soprattutto dalle isole del Pacifico del Sud.

Egli, benché nato a Parigi, trascorse la sua prima infanzia a Lima, in Perù. Tornato in Francia, a diciassette anni, si arruolò come cadetto in Marina, restando in mare per cinque anni. Nel 1871 ritornò a Parigi e si impiegò presso un agente di cambio. Iniziò così il periodo più sereno e borghese della sua vita. Si sposò con una ragazza danese, ebbe cinque figli, condusse una vita contraddistinta da un discreto benessere economico. Intanto iniziava a collezionare quadri e a dipingere. Espose sue opere nelle mostre che gli impressionisti tennero dal 1879 al 1886. Ma la situazione della ditta presso la quale lavorava si fece critica e nel 1883 fu licenziato. Venuta meno l'agiatezza economica si aggravarono anche i suoi problemi familiari. La moglie ritornò presso la sua famiglia d'origine in Danimarca. Gauguin la seguì cercando di lavorare in Danimarca ma, seguendo la sua vocazione artistica, abbandonò il lavoro per dedicarsi solo alla pittura. Ritornò in Francia e i rapporti con la moglie divennero solo epistolari. Si trasferì in Bretagna, a Pont-Aven, nel 1885, dove divenne capofila di una nuova corrente artistica chiamata «scuola di Pont-Aven» e che egli definì «sintetista». Nel 1887 andò a Panama e in Martinica. L'anno dopo era di nuovo a Pont-Aven. Nel 1888 trascorse un periodo anche ad Arles dove dipinse insieme a Vincent Van Gogh. Ruppe con il pittore olandese per ritornare a Pont-Aven. Nel 1891 andò per la prima volta a Tahiti, trattenendosi tre anni. Fece ritorno a Pont-Aven, ma per poco. Nel 1895 si trasferì nuovamente nei mari del Sud e non fece più ritorno in Francia. Morì nel 1903 nelle Isole Marchesi.

La pittura di Gauguin è una sintesi delle principali correnti che attraversano il variegato e complesso panorama della pittura francese di fine secolo. Egli partì dalle stesse posizioni impressioniste, comuni a tutti i protagonisti delle nuove ricerche pittoriche di quegli anni. Superò l'impressionismo per ricercare una pittura più intensa sul piano espressivo. Fornì, dunque, soprattutto per i suoi colori forti ed intensi, stesi a campiture piatte, notevoli suggestioni agli espressionisti francesi del gruppo dei «Fauves». Ma, soprattutto per l'intensa spiritualità delle sue immagini, diede un importante contributo a quella pittura «simbolista», che si sviluppò in Francia ed oltre, in polemica con il naturalismo letterario di Zola e Flaubert e con il realismo pittorico di Courbet, Manet e degli impressionisti. Il suo contributo al «simbolismo» avvenne attraverso la formazione del gruppo detto «scuola di Pont-Aven».

Fonte di ispirazione per questa pittura erano le vetrate gotiche e gli smalti cloisonne medievali. Prendendo spunto da essi i pittori di Pont-Aven stendevano colori puri e uniformi, contornati da un netto segno nero. Ne derivò una pittura dai toni intimistici che rifiutava la copia dal vero e l'imitazione della visione naturalistica.

72

Gilles (Pierrot), di Jean-Antoine Watteau

1718-1719 circa
Olio su tela
cm 185 x 150
Ubicato al Museo Louvre di Parigi.

martedì 5 febbraio 2013,

Acquistata presso un mercante di quadri che la teneva come insegna del proprio negozio, quest'opera, priva di documentazione, non ha ancora svelato il misterioso significato racchiuso nell'attore dalle braccia ciondoloni e dall'espressione disorientata (l'asino in secondo piano ha paradossalmente uno sguardo più espressivo del protagonista). L'uomo sembra scrutare l'osservatore ed è presentato davanti a quattro maschere della commedia dell'arte italiana, frequentata e spesso raffigurata da Watteau.

Si è ipotizzato che potesse trattarsi dell'insegna o del cartellone per un teatro, il che spiegherebbe il formato eccezionale e la stesura pittorica, più contrastata e larga del consueto. E' l'immagine dell'attore quotidianamente offerto alle risa, inconsapevole vittima di una cerimonia di cui ignora anche il senso, è il teatro che diventa poesia, candida e festosa al tempo stesso, un vero e proprio compendio dell'arte di Watteau, fatta di sognante fantasticheria e sottile malinconia.

Questo Pierrot "lunare", reso ancora più insolito dalla sua monumentalità è piantato su un terreno che evoca il proscenio di un teatro, dietro al quale fanno capolino le quattro figure a mezzo busto del dottore in groppa all'asino, di Leandro, di Isabella e del capitano. Il protagonista, vagamente, ricorda nel viso e nella postura l'attore Carlo Croccolo, il celebre servitore personale di Totò in "Signori si Nasce" e interprete, assieme al principe della risata, anche in "Miseria e Nobiltà", "Totò lascia o raddoppia?" e "47 morto che parla".

Jean-Antoine Watteau (1684-1721) è senz'altro il pittore più geniale e innovativo del primo Settecento francese. Con lui, in pratica, si può far iniziare la pittura rococò, che per un secolo circa ha dominato la scena artistica non solo francese.

I suoi inizi sono probabilmente precoci, ma è solo nel 1717, all'età di trentatre anni, che entra nell'Accademia francese. Come saggio di ammissione presentò il quadro l'«Imbarco per Citera» che rimane sicuramente la sua opera più celebre. Prematura è stata anche la sua scomparsa, avvenuta all'età di soli trentasette anni.

A Watteau si fa risalire l'invenzione del genere detto delle «feste galanti». In boschi o parchi, in cui prevale una descrizione naturalistica di tipo pittoresco (natura rigogliosa non imprigionata in schemi geometrici e in cui compaiono spesso frammenti di rovine del passato), si muovono uomini e donne in atteggiamenti di galante corteggiamento. Protagonisti sono spesso attori e maschere presi dalla Commedia dell'Arte italiana. Nei suoi quadri prevale spesso un'atmosfera di malinconia.

Ma importante, nell'arte di Watteau, è soprattutto il suo stile, che riprende e rinnova il tonalismo veneto, nonché le esperienze coloristiche di olandesi (Rembrandt) e spagnoli (El Greco e Velazquez). Una pittura in cui il tocco è sempre evidente, al punto che i suoi quadri sono un monumento altissimo all'artificio della pittura, non come semplice imitazione del reale ma come abilità nel ricreare, con l'artificio della tecnica e dell'abilità, la sensazione del reale senza mai perdere la sua apparenza di immagine pittorica.

Con Watteau ha inizio una nuova stagione pittorica, che però non sarà all'altezza del suo creatore. Il rococò settecentesco tramuterà presto in maniera la sua pittura e i suoi soggetti, senza conservare l'alta carica poetica che i quadri di Watteau trasmettono all'osservatore. Solo l'Ottocento, e il Romanticismo in particolare, comprenderà l'effettiva grandezza di questo pittore.

Notte stellata, di Vincent Van Gogh

1889
Olio su tela
cm 73,7 x 92,1
Ubicato al Museum of Modern Art di New York

martedì 12 febbraio 2013

E' la notte pensata da Van Gogh come un teatro di bagliori violenti, una sorta di iconografia visionaria. Pennellate incontenibili sono capaci di trasformare l'immanenza di un soggetto naturale (la notte) nella manifestazione di una visione mistica. Ogni elemento del quadro ha un preciso valore simbolico. Ad esempio il cipresso, Van Gogh lo immagina bello come un obelisco egizio, e questa forma simbolica, viene qui riprodotta; il pittore altresì aggiunge il raddoppiamento del campanile lanceolato, che instaura con l'albero fiammeggiante un accordo di condivisa spiritualità.

La soluzione del cipresso in primo piano assolve alla funzione di rimarcare la distanza prospettica della vallata, spinta sul fondo anche dall'avanzare della volta stellata. Un effetto visivo particolare, una vertigine anti-prospettica, in cui le stelle roteanti acquistano una presenza palpabile (rispetto al villaggio e alla vallata) allineate su una direttrice spaziale che tende all'infinito. Anche il colore per Van Gogh acquista una valenza simbolica e corrisponde al pathos originato dalla sua visione interiore (verde cupo ad es. rappresentava per lui le terribili passioni dell'umanità). Pennellate vibranti e centrifughe; la rappresentazione del paesaggio corrisponde a un processo di forte interiorizzazione, che sarà alla base della futura estetica del movimento espressionista.

La visione quieta in cui è immerso il villaggio (di Arles) è contraddetta dai vortici di stelle nel cielo azzurro, resi con pennellate circolari, ondulate, arricchite di gradi diversi di giallo – dal beige all'arancio – accanto al blu che domina e avvolge in una acuta nota di malinconia l'intera notte. Al centro del dipinto occupa uno spazio determinante la piccola chiesa di stile nordico, con la sua guglia lanceolata. La presenza di questo particolare elemento architettonico è costante nella produzione di Van Gogh fin dai primi paesaggi olandesi.

Tuttavia non si tratta di allegorie del "divino", ma piuttosto di una visione antropologica della religione, radicata nei costumi come una imprescindibile stratificazione culturale. Non solo, ma come già detto, la forma appuntita dell'esile campanile è ripetuta, ingrandita, nel cipresso in primo piano a sinistra, a imprimere un'ulteriore nota cupa e dinamica, giacché sembra voler raggiungere il limite superiore del quadro.

La Fornarina, di Raffaello

**1518-19
olio su tavola
cm. 85 x 60
Ubicata a Roma (Galleria Nazionale d'Arte Antica, palazzo Barberini)**

L'opera è firmata sul bracciale della donna (Raphael Urbinas).

martedì 19 febbraio 2013

Realizzata forse in collaborazione con Giulio Romano, raffigura per tradizione, peraltro non confermata da dati certi, la mitica donna amata da Raffaello a Roma. Più probabilmente si tratta però di una cortigiana. La donna ritratta, sfugge lo sguardo dello spettatore volgendosi verso la sua sinistra, cioè dal lato opposto ove invece reclina il suo corpo seminudo.

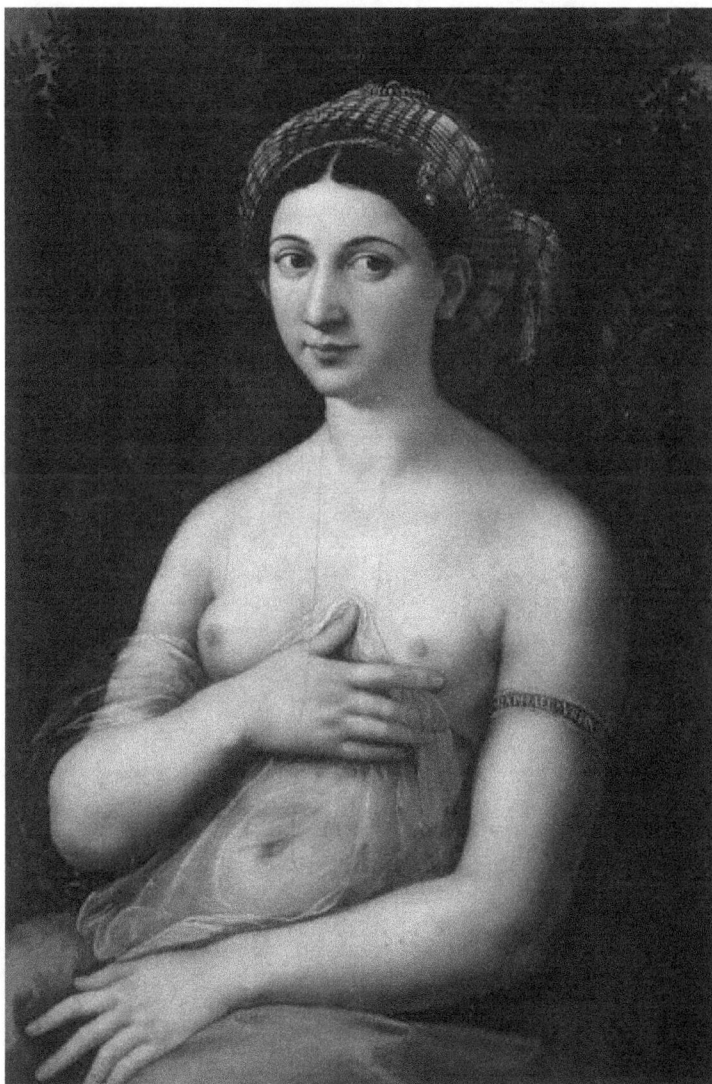

La posa abbastanza discinta, fa supporre che il dipinto doveva essere indirizzato verso un luogo privato e poco affollato. Seno in vista, leggera veste trasparente sul ventre e manto rosso a coprire le gambe. Il bracciale sul braccio, ove è posta la firma in stampatello del pittore, imprime un tocco di confidenzialità, come fosse un intimo omaggio, un vincolo d'amore. Abbastanza particolareggiato è il turbante verde-oro di seta che copre il capo della Fornarina ove spicca anche una spilla con perla pendente e due pietre incastonate.

Sullo sfondo un folto cespuglio di mirto, simbolo dell'amore che rimanda ai richiami di Venere. E' sensuale, dolce, fresca e illuminata dalla luce che diretta si staglia sul petto e sul viso, luce che proviene da sinistra e che fa risaltare il volto della donna in contrasto con lo scuro dello sfondo. La mano (qui la destra) che a fatica regge la veste a parziale e infruttuosa copertura del seno sinistro rimanda alla Flora di Tiziano (la mano sinistra in quest'altro caso) dando l'idea di un forte conflitto interiore tra pudicizia da un lato e abbandono dei sensi dall'altro.

L'esecuzione di Lady Jane Grey, di Paul Delaroche

 Olio su tela
cm 246 x 297
1833
Ubicato alla National Gallery di Londra
martedì 26 febbraio 2013

Vittima delle circostanze politiche e degli intrighi di corte, Lady Jane Grey fu sovrana d'Inghilterra per soli nove giorni. Nel 1553, poco dopo la sua ascesa al trono, un gruppo di cortigiani sostenitori di Maria di Scozia depose la legittima erede di Giorgio VI, incarcerandola nella torre di Londra. Il 12 Febbraio 1554, all'età di 17 anni, la fanciulla, accompagnata da due damigelle, costrette ad assistere all'atroce spettacolo, venne decapitata nelle carceri della fortezza.

Il momento raffigurato è quello che precede l'esecuzione della donna, evidentemente provata dagli effetti del tumultuoso intrigo politico a causa del quale lei, pur essendo del tutto innocente come è simbolicamente sottolineato dal bianco del suo abito, deve pagare con la vita. Il comandante della torre, Sir John Brydges, conduce la giovane regina verso il patibolo, mentre il boia, aspettando soltanto di svolgere il proprio compito, osserva impassibile la commozione della vittima. Intorno al luogo dell'esecuzione il pavimento è coperto dal fieno destinato ad assorbire il sangue che verrà sparso.

Ne emerge il carattere fortemente teatrale della pittura di Delaroche, testimoniato dal panno nero che ricopre il proscenio su cui si svolge l'esecuzione della giovane regina: la drammaticità dell'evento storico viene accentuata dalla grande semplicità della composizione, e dal numero ridotto dei personaggi, le cui pose sono il frutto di intensi studi preparatori. Nell'ambientazione dell'episodio, il pittore ripropone fedelmente i modelli dell'architettura religiosa anglosassone, come dimostrano gli archi normanni e le decorazioni scultoree sullo sfondo del dipinto.

Hippolyte Delaroche comunemente noto come Paul Delaroche pittore francese, nasce a Parigi il 17 luglio 1797.

Figlio di un collezionista e mercante d'arte, orgoglioso del precoce talento artistico del figlio, gli aveva trasmesso la sua cultura artistica. Paul Delaroche entra nella École des Beaux-Arts nel 1816 dove è seguito dal pittore paesaggista Louis-Étienne Watelet (1780-1866) che dipingeva in stile romantico. Nel 1817 concorre, senza successo, al Prix de Rome per il paesaggio, deluso abbandona il paesaggismo per dedicarsi alla pittura storica.

Come maestro in questo particolare tipo di pittura Paul Delaroche sceglie Jean-Antoine Gros, alunno a sua volta di Jean Louis David. Alla sua prima partecipazione al Salon del 1819 i suoi dipinti di soggetti del Vecchio e Nuovo Testamento ottengono alcune lodi per i colori drammatici, caratteristica presa dal suo maestro Gros. Dopo la caduta di Napoleone che aveva influenzato l'arte verso rappresentazioni mitologiche che dovevano sottolineare la sua gloria, il restaurato regime Borbonico promuove la pittura religiosa, soggetti morali e sociali.

Nel 1822, il giovane pittore realizza la sua prima grande opera, intitolata Josabeth che salva Joas, chiaramente influenzato dall'opera degli amici Théodore Géricault e Eugène Delacroix con i quali Delaroche forma il nocciolo centrale di un gruppo piuttosto numeroso pittori storici. Visto le limitazioni poste ai pittori storici in Francia, Paul Delaroche si specializza in personaggi ed eventi della storia inglese.

Il primo di questi dipinti, La morte della regina Elisabetta d'Inghilterra (Musée du Louvre, Parigi), viene esposto al Salon del 1827-28, ottiene in grande successo grazie al loro verismo, successo che si ripete al Salon del 1831 dove espone Cromwell guarda nella bara di Charles I (Musée des Beaux-Arts, Nîmes) e I Figli di Edward IV (Musée du Louvre, Parigi).

Paul Delaroche è un perfezionista, egli realizza le sue opere solo dopo una preparazione molto lunga e meticolosa: compie sperimenti con modelli, figurine di cera, acquarelli e disegni, per simulare l'effetto delle pose, dei raggruppamenti, della luce e delle ombre. Il suo stile, attento ai dettagli, è espressione tipica del suo tempo; Delaroche non è un innovatore, ma è strettamente legato ai suoi contemporanei che amano un classicismo raffinato.

Dopo il trionfo al Salon del 1831, Delaroche viene nominato professore alla École des Beaux-Arts e riceve una commissione per affrescare la vita di Maria Maddalena nella chiesa della Madeleine a Parigi. Per quest'ultimo progetto, il pittore, volendo emulare gli affreschi rinascimentali, si recò in Italia per studiare in loco gli affreschi, ma al ritorno, per incomprensioni con i committenti Paul Delaroche rinuncia all'incarico.

Dopo le critiche negative della sua Santa Cecilia al Salon del 1837, Delaroche viene incaricato della decorazione dell'emiciclo (Auditorium), della Ecole des Beaux-Arts; il pittore sceglie come soggetto un gruppo di famosi pittori, posti nel portico di un tempio ionico. La realizzazione dell'opera lo impegna per ben quattro anni. Questo lavoro, considerato un successo dalla critica più conservatrice e moderata e il suo aspetto distinto, gli riaprono i salotti parigini e la possibilità per la sua vita artistica nella ritrattistica.

L'Atelier di Delaroche attira parecchi giovani artisti, desiderosi di imparare la sua tecnica come ad esempio Thomas Couture e Millet, ma per una disgrazia che ha causato la morte di uno dei suoi studenti, chiude lo studio nel 1843.

Paul Hippolyte Delaroche, muore a Parigi il 4 novembre 1856.

Flora, di Tiziano

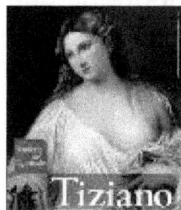

1515
olio su tela
cm. 79,7 x 63,5
Ubicata alla Galleria degli Uffizi in Firenze

martedì 5 marzo 2013,

La rubrica del quadro della settimana non può che essere stavolta dedicata a Tiziano Vecellio; infatti fino al 16 Giugno, alle Scuderie del Quirinale in Roma sarà possibile visitare la mostra sulle opere del celebre pittore cadorino, che ha caratterizzato l'arte pittorica del cinquecento, maestro del classicismo coloristico, cantore della Serenissima Venezia e "rivale" di Michelangelo per la sua ostinazione al non uso del "disegno".

Fra i dipinti che sarà possibile ammirare, ci dilunghiamo qui sulla celebre "Flora", uno dei capolavori del giovane Tiziano, soggetto poi lungamente ripreso perfino da Rembrandt (ne esiste una sua versione alla National Gallery di Londra ed altre due simil-riproposizioni custodite una a Dresda e l'altra a New York). Ma chi è Flora? Varie sono le ipotesi dei critici, ma le più accreditate sono quattro: a) potrebbe essere una Flora di ovidiana memoria, una sorta di dea della Primavera o della vegetazione (ella reca in mano una manciata di fiori secchi che rappresentano probabilmente una metafora amorosa); b) oppure semplicemente il ritratto di una cortigiana; c) o magari il ritratto dell'amante di Tiziano, la celebre Violante, figlia di Palma il Vecchio; d) un'allegoria nuziale: la giovane vive il conflitto tra la pudicizia e l'abbandono dei sensi, caratterizzato da un seno coperto e dall'altro nudo, a fatica ricoperto da un movimento non deciso della mano sinistra.

Ella è dipinta a mezzo busto, nella tradizione giorgionesca; ma qui vi è un quid di novità: la figura non è ferma, immobile e frontale verso lo spettatore: il volto reclinato verso sinistra, il movimento della mano che porge i fiori e quello dell'altra nel tentativo di ricoprire il seno, confluisce al dipinto un'idea di movimento, di armonia dei gesti che lo rende dinamico evi-

81

denziandone una sorta di movimento circolare. Armonia complessiva suggellata anche dal sapiente uso dei colori: morbidi e sontuosi, essenziali e resi ancor più luminosi grazie anche allo scuro del fondo alle spalle di Flora. Ricordiamo che nel cinquecento neo-platonico veneziano, il concetto di raggiungimento dell'armonia era molto in voga non solo come concetto a se stante da ricercare nei colori o nella musica ma in tutte le componenti che assieme dovevano tendere a un concetto universale.

Visitando la mostra sarà possibile ammirare dal vivo numerosi altri capolavori della grande produzione del maestro cadorino, fra cui "Lo Scorticamento di Marsia", metafora del cambiamento dei tempi e del trascorrere degli anni, esempio dell'ultimo Tiziano, già influenzato dalla "maniera", "Il Concerto" (o Concerto Interrotto), il "Tommaso Mosti" e "La Bella" di Palazzo Pitti, l'"Autoritratto" del Prado, e tanti altri ancora.

Funerali di San Bonaventura, di Francisco de Zurbaràn

1629
Olio su tela
cm 245 x 240
Ubicato al Louvre di Parigi
martedì 12 marzo 2013

Francisco de Zurbaràn contribuì con quattro tele, di cui due conservate al Louvre, al ciclo delle "Storie di San Bonaventura" che il collegio francescano di Siviglia volle dedicare al rinnovatore morale dell'ordine, morto nel 1274 durante il Concilio di Lione, del quale era stato ispiratore, invocando la necessità di una crociata e l'unità della chiesa. Le più alte personalità presenti al concilio rendono omaggio al suo corpo, esposto solennemente prima della sepoltura.

Lo piangono il papa Gregorio X, il re d'Aragona, il vescovo di Lione, alcuni monaci e altri personaggi. L'attenzione dell'artista è posta sulle diverse manifestazioni del dolore attraverso i volti e i gesti. La reazione degli astanti, il loro convergere in gruppo, le braccia aperte delle massime autorità terrena e spirituale, ci danno un'idea della morte non come dramma individuale del credente, bensì nel suo valore sociale di esempio morale collettivo.

La netta, implacabile diagonale della salma, con il candore abbagliante del sudario e della mitra raccoglie su di sé tutta la luce del dipinto, mentre le ombre verdognole che ne percorrono il volto cadaverico rendono spettrale l'esposizione. Per la capacità di ricreare con tanta sobrietà di mezzi compositivi un'atmosfera densa di fervore religioso, Zurbaràn si conferma quale interprete privilegiato della spiritualità monastica del Seicento, il "Siglo de Oro" della pittura spagnola.

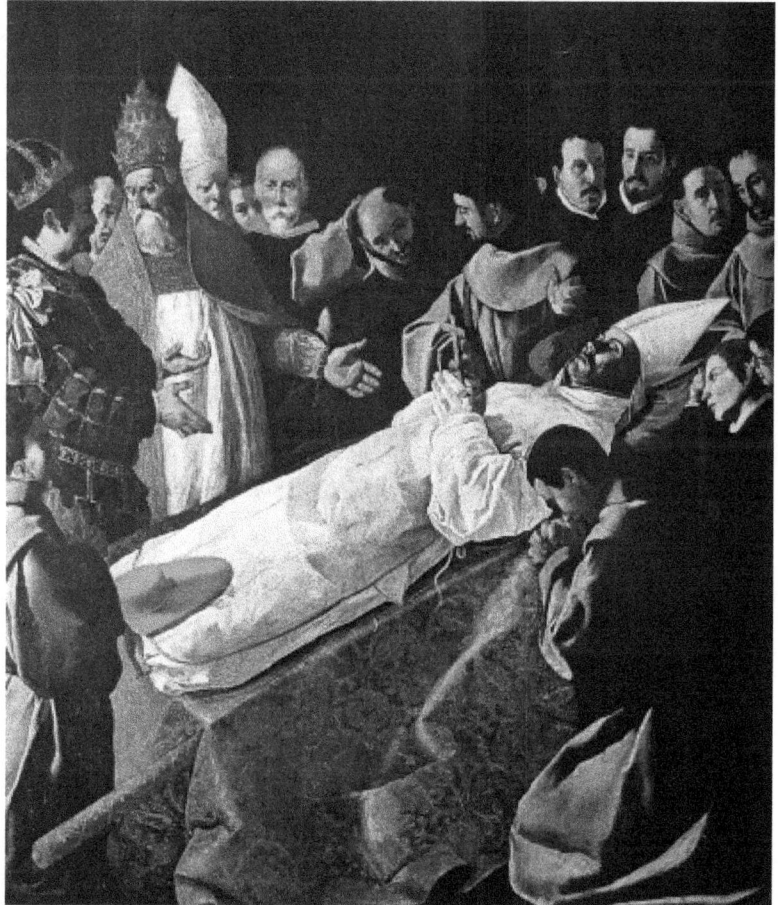

Francisco de Zurbaran nasce nel 1598 a Fuente de Cantos, in Spagna. L'artista è particolarmente noto per i suoi soggetti religiosi e il suo lavoro è caratterizzato da un naturalismo tipico caravaggesco e dal tenebrismo, stile in cui sono raffigurate forme molto più in ombra in netto contrasto con altre drammaticamente illuminate.

Dal 1617 al 1628 vive a Llerena, vicino alla sua città natale, poi torna e si stabilisce a Siviglia, dove conosce le prime opere di Velázquez e di José de Ribera. Nel 1617 Francisco de Zurbarán si sposa con Maria Paez, di nove anni più anziana, che morirà nel 1623. Nel 1625 Francisco de Zurbarán ha un secondo matrimonio con la ricca vedova Beatriz de Morales, figlia del patrizio di Llerena. Nel 1634 visita Madrid e dipinge una serie di "Fatiche di Ercole" e due scene della "Difesa di Cadice", nel Palazzo del Buon Ritiro e incontra il suo amico Diego Velasquez.

Dal 1630 al 1658 vive con la sua famiglia a Siviglia, nei pressi del Palazzo Reale, e viene nominato pittore di corte da Filippo IV. Nel 1638 realizza la serie "L'Adorazione dei Magi", per la Certosa di Jerez, a testimonianza del suo lavoro per il re. Nel maggio 1639 la sua seconda moglie muore e il pittore ne rimane profondamente colpito. Le sue opere perdono qualità anche se aumentano le richieste, per la maggior parte realizzate dai suoi assistenti. Nel 1644 si sposa per la terza volta una ricca vedova, Leonor de Tordera, ma la sua fama inizia a diminuire pesantemente.

Dal 1650 in poi l'artista subisce una grande crisi finanziaria, in parte causata dalla perdita in guerra di navi che trasportano i pagamenti dai clienti del Sud America. Questa crisi lo porta a trasferirsi nel 1658 a Madrid. Muore in povertà e senza gloria, nel 1664 a Madrid.

Viandante sul mare di nebbia, di Caspar David Friedrich

(1818)
olio su tela
cm 98 x 74
Ubicato al Hamburger Kunsthalle di Amburgo.
martedì 19 marzo 2013,

Pieno romanticismo. Un mare di nebbia avvolge il paesaggio e le montagne che l'uomo, un viandante solitario è intento ad ammirare. Egli è volutamente ritratto di spalle (ciò rappresenta la sua coscienza, la parte più oscura della sua anima) ed appare soggiogato dal forte richiamo della natura più aspra e al contempo imponente. Né fiori né vegetazione appaiono sulle inospitali rocce; forte sensazione di freddo, non solo in senso fisico esteriore ma anche metaforico relativo alla pochezza umana di fronte all'immensità della natura, di una natura arcaica, più che selvaggia, diremmo primitiva.

L'uomo ritratto in posizione rialzata è messo nella condizione di poter meglio osservare quanto lo circonda e si trova in una sorta di ideale coinvolgimento con lo spettatore il quale è come se guardasse la natura circostante insieme a lui, condividendone meraviglia e soggezione, sgomento e curiosità. Egli, come una calamita, sembra fortemente attratto dallo spettacolo che gli si para innanzi pur avvertendone il senso del pericolo; ne è affascinato, benché solo.

E qui risiede il concetto ultimo e intrinseco del romanticismo tedesco: alla fine l'uomo è sempre solo nei momenti di difficoltà, non solo, ma è un "niente" a confronto dell'immensità della natura, di una natura inaccessibile che acquista valenza di tragicità ma al contempo volano di stimolo per la ricerca se non visiva quanto meno immaginaria del concetto di infinito. Ma cosa rappresenta l'infinito? Dio, o indipendentemente dal nome, qualcosa che sta al di sopra della comprensione umana? E la natura pertanto forse è da intendere come veicolo per

85

raggiungere la sommità interiore e la vicinanza col creatore?

Di certo sono concetti classici che ben si incastonano nella filosofia e nel pensiero tipico del romanticismo di inizio XIX secolo e da non sottovalutare, fra l'altro, che l'uomo, oltre che solo, è anche un viaggiatore, un viandante, situazione che fortifica il concetto dell'esule romantico.

Caspar David Friedrich (1774-1840) è il pittore tedesco che per primo entrò nel clima del romanticismo tedesco. La Germania ebbe un ruolo fondamentale nella definizione delle teorie romantiche sia grazie ai movimenti letterari quali lo «Sturm and Drung» sia grazie all'opera di alcuni pensatori e filosofi quali von Schlegel e Schelling. Ma l'arte romantica per eccellenza della Germania fu soprattutto la musica che ebbe come massimo interprete Ludwig van Beethoven.

Friedrich è interessato, nella poetica del romanticismo, soprattutto al lato mistico della natura. La prima opera che lo rese noto fu la «Croce sulla montagna» o pala di Tetschen, del 1808. Questa pala d'altare è composta unicamente da un paesaggio di montagne, su cui si staglia il segno nero di una croce. Che un paesaggio potesse essere un immagine religiosa è una grossa rivoluzione che non poco stupì i critici del tempo. In essa, tuttavia, è chiaramente avvertibile una suggestione religiosa data dallo spettacolo della natura, intesa come opera divina, in cui la presenza della croce serve principalmente ad elevare il nostro pensiero a Dio.

Lezione di anatomia del dottor Tulp, di Rembrandt Harmenszoon Van Rijn

1632
Olio su tela
cm. 169,5 x 216,5
ubicato a L'Aja, Mauritshuis.
martedì 26 marzo 2013,

Il Professor Nicolaes Tulp, titolare della cattedra di anatomia all'Università di Amsterdam è alle prese con un'autopsia. Attorno a sé un nugolo di astanti che pendono dalle sue labbra per carpire qualche segreto anatomico. Il corpo esaminando è quello di un "fresco" impiccato, tale Adrian Adrianeszoon. Nella fattispecie il dottore spiega l'importanza dei tendini del braccio, mimando con la mano sinistra come i movimenti delle dita ne sono una diretta conseguenza.

I tendini sono sollevati, per essere meglio visibili, con una pinza tenuta alla stessa guisa di come si tiene un pennello; ciò per avvalorare la sua tesi che medicina e pittura sono arti

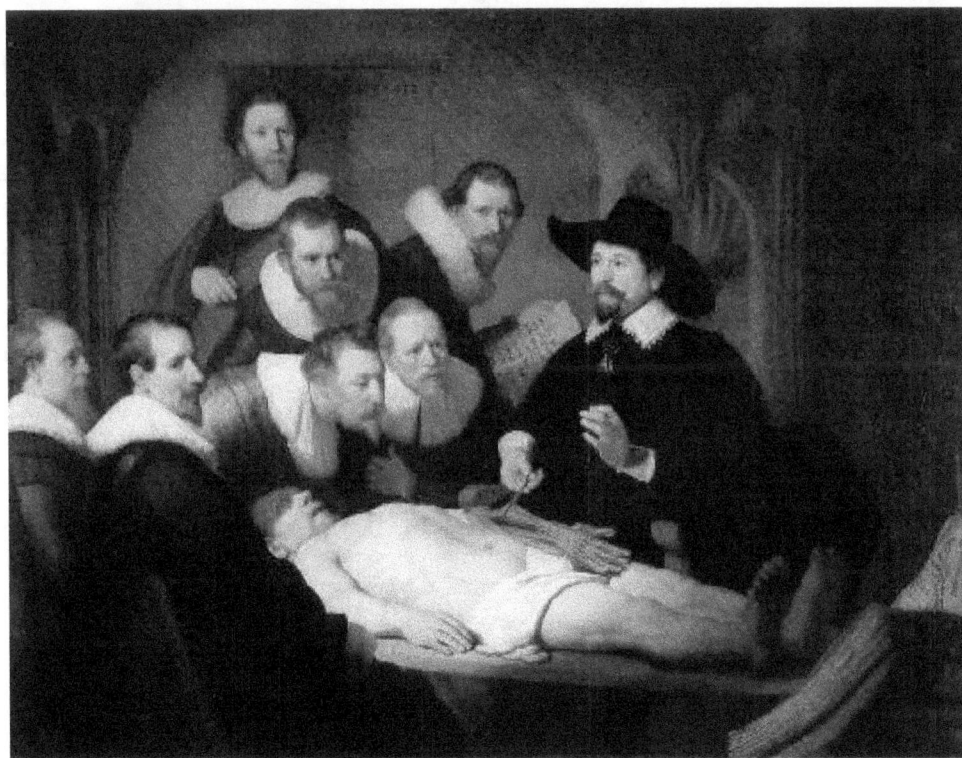

nobili e al contempo impegnative che vanno di pari passo, non solo dal punto di vista tecnico. I medici discenti sono colti in tutto il loro stupore, sbigottimento, curiosità e ribrezzo e le loro facce sono sapientemente illuminate così da infondere al dipinto un'atmosfera unica, solenne, cattedratica e coinvolgente per lo spettatore.

Due curiosità: nel film, tutt'ora nelle sale, "La Scelta di Barbara", il primario Andre si disimpegna in forbite riflessioni estetiche e contenutistiche sul dipinto erudendo la dottoressa Barbara, che pian piano sta cedendo alle sue lusinghe; inoltre, tornando al dipinto, un assistente reca in mano un libro, ove sono annotati i nomi dei medici presenti all'autopsia.

Ottavo figlio (su dieci) di un padre mugnaio e di una madre ragazza di panettiere, Rembrandt è nato il 15 luglio 1606 a Leyde, in Olanda. Passa la sua infanzia e l'inizio della sua vita di pittore nella sua città nativa, dopo avere studiato il latino ed avere effettuato un breve passaggio all'università di Leyde, dove fu iscritto, ma dove non studiò probabilmente mai. Nel 1621, decide di dedicarsi interamente alla pittura e diventa apprendista presso un artista locale, Jacob Van Swanenburgh. Dopo sei mesi d'apprendistato ad Amsterdam, apre una bottega a Leyden che divide probabilmente con il suo amico Jan Lievens de Leyde, ex apprendista di Lastman, che lo inizia probabilmente all'incisione. Nel 1627, Rembrandt insegna già ad apprendisti, il primo fu Gerard Dou che entrò nella sua bottega nel 1628, e probabilmente cominciò con la preparazione dei pannelli, delle tele e delle vernici.

Nel 1631, ha già acquisito una solida reputazione, cosa che gli vale molti ordini di ritratti Fondamentale nella carriera e nella vita privata del pittore è il suo rapporto con Hendrick van Uylenburgh, mercante d'arte, di cui sposa la cugina, Saskia, con la quale si trasferisce ad Amsterdam. Hendrick van Uylenburgh lo introdurrà nei giri dell'alta società e favorirà la sua reputazione favorendo l'acquisizione di numerosi ordini, più di 50 ritratti di gente ricca. Rembrandt ha anche realizzato molti ritratti di sua moglie tra 1633 (National Gallery of Art di Washington D.C) e 1634 (museo dell'eremo, Saint-Pétersbourg). Rembrandt e Saskia traslocano per abitare una casa di Jodenbreestraat nella zona ebrea, che diventerà il museo della casa di Rembrandt. Tre dei loro bambini muoiono poco dopo la nascita. Il quarto, Titus, nato nel 1641 raggiungerà l'età adulta. Saskia muore di tubercolosi nel 1642 all'età di 30 anni. Tra 1643 e 1649, Rembrandt condivide la sua vita con Geertje Dircx, giovane vedova senza figli, che si prende carico della cura del bambino Titus.

Geertje inizia e vince un processo contro Rembrandt circa una sua promessa di matrimonio, ma egli la fa chiudere in un manicomio. Deve allora affrontare un certo numero di difficoltà. La sua produzione di pitture continua, ma la sua produzione di incisioni ha il sopravvento e conosce un grande successo commerciale ed internazionale. Nel 1645, Hendrickje Stoffels, sostituisce Geertje come concubina e nel 1654 hanno una figlia, Cornelia, cosa che vale loro una colpa della chiesa che li rimprovera "di vivere nel peccato". Rembrandt vivendo sopra i suoi mezzi non arriva più ad onorare i suoi debiti. Deve allora vendere la sua casa ed accontentarsi di una casa più modesta su Rozengracht. Hendrickje e Titus vi installano un negozio d'arte per fare vivere la famiglia, poiché là, nonostante la notorietà di Rembrandt che continua a crescere, gli ordinativi diminuiscono in numero, ma non d'importanza: ad esempio il principe Antonio Ruffo di Sicilia ordina tre grandi dipinti.

Rembrandt vede morire di peste Hendrickje (1663). Suo figlio Tito, muore nel 1668. Sua figlia Cornelia, la sua bella figlia Margherita e la sua piccola figlia Titia sono ai suoi lati, quando egli muore, il 4 ottobre 1669. E' inumato nella chiesa Westerkerk. Oggi non esiste più nessuna traccia della tomba.

Napoleone sul ponte di Arcole" di Antoine-Jean Gros

1797
Olio su tela
cm 134 x 104
Ubicato nel Museo Ermitage di San Pietroburgo.
martedì 2 aprile 2013

Antoine-Jean Gros, che aveva partecipato alla campagna d'Italia con il grado di Ufficiale di Stato Maggiore, rivela in questo ritratto eroicizzato tutto il fascino che la personalità di Bonaparte esercitava su di lui, e che lo spinse a celebrarlo in molti suoi dipinti. Napoleone è rappresentato in una veduta di profilo da sinistra (probabilmente quella da lui preferita) e con i capelli mossi dal vento, in un ricercato e consapevole rimando ai ritratti del grande condottiero dell'antichità Alessandro Magno. La sua figura, che sappiamo essere stata piccola e tozza nella realtà, appare qui come amplificata dall'enfatica gestualità che l'artista gli ha attribuito e dall'uniforme splendente ornata da un monumentale fiocco. Lo sfondo tumultuoso, nel quale si distingue soltanto un piccolo edificio avvolto da spire di fumo, allude allo scenario della guerra di Arcole, piccola cittadina vicino a Verona, nei cui pressi, tra il 15 e il 17 novembre del 1796, le truppe francesi sconfissero quelle austriache.

In quell'occasione, Napoleone condusse con successo i suoi uomini, nella mischia della battaglia, attraversando un ponte bersagliato costantemente dal fuoco nemico. La figura di Napoleone appare decisamente idealizzata: del resto pare che, una volta salito al trono, Napoleone esortasse i pittori di corte a non mantenersi troppo fedeli al modello per i suoi ritratti, poiché dei grandi uomini era necessario dare un'immagine conforme al loro genio e non ai loro tratti fisionomici.

Gros Antoine-Jean. Pittore (Parigi 1771 - Bas-Meudon, Seine-et-Oise, 1835). Allievo di J.-L. David, dal 1793 soggiornò in Italia, soprattutto a Genova, dove studiò, tra l'altro, le opere di P. P. Rubens e A. Van Dyck. Ufficiale napoleonico durante la campagna in Italia, fu nominato a Milano commissario per la requisizione delle opere d'arte: di questo periodo è il Ritratto di Bonaparte al ponte d'Arcole (1796, Versailles). Tornato a Parigi nel 1801 si dedicò ad una serie di grandi quadri storici: La visita agli appestati di Jaffa (1804, Louvre), che segna il distacco dalla compostezza neoclassica per la nuova intensità cromatica dai forti contrasti e un comporre più libero e drammatico; La battaglia di Abukir (1806, Versailles); La battaglia di Eylan (1808, Louvre); ecc. Dopo la caduta di Napoleone, pur seguitando a dipingere gli avvenimenti storici contemporanei, ritornò ai temi e alle forme classicheggianti (Edipo e Antigone, 1820, Louvre; decorazione della cupola del Panthéon, 1824; soffitti del museo di Carlo X al Louvre, 1827-31) dando tuttavia il meglio di sé in una serie di ritratti (Fournier, 1812, Louvre). Conscio del suo declino di fronte alle nuove istanze pittoriche, afflitto per le critiche mosse alle sue opere esposte al Salon nel 1835, si annegò nella Senna.

Manifesto del 17 Ottobre 1905, di Ilya Efimovic Repin

1911
olio su tela
cm 182,9 x 322,6
Ubicato al Museo di Stato Russo di San Pietroburgo.

martedì 9 aprile 2013

La gente in festa sta celebrando la concessione di una Duma, una sorta di parlamento. La parola "Duma" in russo trae origine dai verbi pensare, meditare, contemplare. Quindi, il significato intrinseco non è esattamente "Congresso", che significa "un insieme", né equivale a "Parlamento", che è "un luogo per parlare". Il "Duma" è qualcosa in più, "un luogo per riflettere" e contempla l'essenza stessa di ciò che il popolo russo ritiene necessario per la nascita di un'assemblea legislativa.

E 'uno dei motivi principali per cui i russi non hanno le stesse aspettative o lo stesso modo di intendere l'occidentale concetto di "democrazia" . Occorre ricondurre il tutto al pensiero guida che proviene dal mondo della lingua russa e che si differisce significativamente da quanto pervade le culture delle lingue occidentali. Ciò non è da sottovalutare. È anche uno dei motivi per cui risulta sempre particolarmente difficile la traduzione dal russo nelle lingue occidentali. Non solo grammatica e linguaggio diverso, ma, i concetti trasmessi sono spesso incomprensibili in un'altra lingua.

Tornando al dipinto, il primo impatto che si ha guardando la tela è intriso di inquietudine: la folla di gente, che ride, esulta, urla, sembra dirigersi verso lo spettatore, sembra poterlo travolgerlo. Al centro, un gruppo di proletari, donne e uomini in divisa portano sulle spalle uno scarcerato che scuote allegramente le catene. La gente canta, ride, grida; nei loro occhi brucia il fuoco della gioia estatica. Solo due personaggi ai lati della folla rimangono in silenzio quasi in una sorta di premonizione delle future sofferenze della Russia. Il quadro si avvicina molto all'impressionismo, in quanto le figure delle persone si riversano l'una nell'altra e i loro volti sono come maschere che esprimono il massimo del coraggio.

Le Chemin de Fer, di Edouard Manet

1872-73
olio su tela
cm 93 x 114
ubicato al National Gallery of Art di Washington.

martedì 16 aprile 2013,

Dieci anni prima, nel 1863, Manet rappresentò all'interno della sua celebre "Olympia" un gatto nero con gli occhi sbarrati verso lo spettatore, come proiettati sul futuro e ancora pieni di luce e di vitalità. Qui, in "Chemin de Fer" ("La Ferrovia"), il felino lascia il posto a un docile cagnolino, con gli occhi chiusi e dall'atteggiamento rassegnato, quasi dormiente. E' il segno del peso degli anni, della malattia del pittore che lo condurrà alla morte nel 1883.

La donna è la sua modella preferita, Victorine Meurent, qui rappresentata accanto a una bambina per simboleggiare lo scorrere inesorabile della vita e la durevole relazione amorosa che intercorse tra il pittore e la donna. Al di là delle sbarre, ben accentuate, la stazione di Gare Saint-Lazare; le grate simboleggiano la linea di demarcazione tra il passato (un passato frenetico con tanti viaggi e tante donne) e un presente caratterizzato dal peso degli anni e dalla malattia. La bambina, con tutto il suo futuro in pectore, è rivolta verso la ferrovia, indossa un abito chiaro e sta in piedi; l'adulta, al contrario, sta seduta e volge le spalle alla ferrovia ed è vestita di nero.

Il tutto per rafforzare i concetti prima esposti di relazione tra futuro/speranza e passato che non torna più. La modella Victorine Meurent è la stessa che appare nel "Dejeuner sur l'herbe" e come detto ne l'"Olympia" il dipinto che nella posa della protagonista ricorda il celebre "Venere di Urbino" di Tiziano.

93

Signora ritta al virginale, di Jan Vermeer

Olio su tela
cm 51,7 x 45,2
anno 1670
conservato alla National Gallery di Londra

martedì 23 aprile 2013

Fonte: Nicola Ghezzani

"Signora ritta al virginale", conosciuta anche come "Signora alla spinetta" è custodito nella National Gallery di Londra. La firma dell'artista compare sullo strumento musicale. Il quadro esposto sulla parete frontale a sinistra, viene generalmente indicato come una pittura vicina alle maniere dei pittori tedeschi Allart van Everdingen (1621 - 1675) e Jan Wynants (1630-1684). Il quadro a destra, raffigurante un Cupido, viene riportato anche nel "Gentiluomo e ragazza con musica".

La struttura semantica dell'opera è tanto semplice all'occhio quanto complessa nei riferimenti intellettuali. La ragazza (o signora che sia) è colpita dalla luce del giorno attraverso la finestra alle sue spalle. Il volto ne viene rischiarato solo in parte, perlopiù resta adombrato e volto all'interno. La ragazza è ben vestita, di famiglia borghese abbiente, e ci guarda. Ci guarda con uno sguardo composto, come la postura del corpo, ma anche stupito, forse estraniato da un lieve velo di tristezza.

È una ragazza seria, pronta per una visita, in attesa. Offre al visitatore occasionale, cioè allo spettatore del quadro, pittore o spettatore che sia, il ritratto sonoro del-

la sua anima attraverso la musica che accenna distrattamente allo strumento. La esegue senza molta attenzione, con l'abilità tradizionale della ragazza da marito; niente di più e niente di meno. Intanto la scena parla per lei e dice ciò che lei non può dire.

Il quadro sulla parete frontale vicino alla finestra ha lo stesso tema della riproduzione sulla parete interna del coperchio dello strumento: una grossa nuvola copre una bassa collina. Forse una allusione alla fertilità. Molto più interessante il grande quadro di Cupido in alto sulla destra.

Nel quadro, il dio dell'amore (Eros per i greci, Cupido o Amore per i latini) è rappresentato in una posa sensuale e impertinente e, a differenza della ragazza, si muove. Impugna con una mano un arco senza freccia (la freccia è stata già scoccata?) e con l'altra mostra enigmatico una carta da gioco. Inoltre, come la ragazza, ci guarda dritto negli occhi.

Si tratta di un tema pagano, ma variato secondo una simbologia rinascimentale: il corpo infantile del dio è animato da un moto irrequieto, come l'amore che evoca, la sua freccia è partita e ha colpito qualcuno. La carta da gioco sta a indicare l'assoluta arbitrarietà degli eventi che seguono allo sprigionarsi del desiderio. Un azzardo, dunque, regola le faccende d'amore. La ragazza, prigioniera di una ragione borghese, che la vincola all'attesa di un pretendente o che il marito rientri in casa, "sa", conosce (per puro istinto femminile) la potenza drammatica del vero desiderio. Per quanto sia intrappolata dai mobili che le si adunano interno come una famiglia gelosa o una ronda di soldati, per quanto la sua morbidezza sia umiliata dalle rigorose linee del pavimento e della finestra, qualcosa di lei sfugge: il desiderio d'amore, la voglia segreta di giocare il tutto per tutto.

Per dirci tutto ciò, Vermeer adotta una simbologia pagana. Se fosse cristiana, penseremmo a una tentazione diabolica.

Il Palco, di Pierre-Auguste Renoir

1874
Olio su tela,
cm. 80 x 64.
Ubicato a Londra (Courtauld Gallery).
martedì 30 aprile 2013,

Renoir partecipò alla prima esposizione impressionista che si tenne nei locali del fotografo Nadar a Parigi nell'aprile del 1874. Del movimento, che ancora non aveva un nome – solo più avanti i loro adepti furono etichettati come "impressionisti"- facevano parte oltre a Renoir anche l'amico Monet, Degas, Cezanne, Bazille, Sisley, Pissarro e Manet. La sua opera più importante esposta in quell'occasione fu "Il Palco", dipinto senz'altro ispirato al "Balcon" di Monet.

Renoir non amava andare al teatro per gustarsi la recita; ciò che lo attraeva era il pubblico, l'entusiasmo della gente, la concitazione, l'attesa, il trepidare, ogni sfaccettatura di quella particolare atmosfera che si creava prima e durante uno spettacolo a teatro. In primo piano i due protagonisti: il fratello Edmond, vestito elegante, che come fosse una proiezione del pittore stesso, si disinteressa della scena e col binocolo invece pare scrutare altrove; al suo fianco la sua nuova modella Nini, anch'ella elegantemente vestita.

Evidenti contrasti bianco e nero coi neri molto marcati, ma nonostante ciò il complesso del dipinto risulta essere molto luminoso (grazie alla seta della camicia dell'uomo e della veste e dell'incarnato della donna) ed anche morbido specie nella cura di certi dettagli dell'abito femminile. Pennellate

97

brevi e veloci e come già detto una ridotta gamma di colori. Renoir, la cui produzione artistica può vantare circa 5.000 dipinti, ove non venne mai rappresentato un volto triste, non si smentisce neanche in questo caso riuscendo a cogliere la magia di un momento, la spensieratezza di una generazione, quella agiata parigina di metà ottocento, offrendo allo spettatore un tocco di leggerezza e una visione serena della vita.

Il Riposo (Il Carro Rosso), di Giovanni Fattori

 1887
olio su tela
cm 88x170.
Ubicato nella Pinacoteca di Brera in Milano.
martedì 7 maggio 2013

Giovanni Fattori, esponente della corrente toscana dei macchiaioli, affronta il tema del paesaggio e della gente di Maremma con tocchi densi e rapidi di pennellate che definiscono sintetiche e uniformi distribuzioni del colore, le cosiddette campiture. Notiamo la figura scura del contadino in ombra a sinistra, la porzione del carro rosso a destra, le masse chiare dei due buoi al centro e, sullo sfondo, il mare blu e la riva separate da una linea netta di demarcazione tra ombra e luce.

Gli elementi sono posizionati sulla diagonale che unisce il vertice basso a sinistra a quello in alto a destra; il carro rosso con l'aratro si vedono appena, lo stanco contadino relegato in basso a sinistra e in ombra, mentre sono i maestosi buoi, staccati dal giogo, a godere della posizione centrale. L'attenzione è catturata dalla maestà del luogo aperto e solitario, dal silenzio dell'ora del riposo pomeridiano sotto il sole della Maremma e dalla nobiltà del lavoro umano, resi attraverso un tono sì elevato, ma non oratorio, del linguaggio pittorico.

L'estrema linea scura del mare è orizzontale mentre sono oblique quelle della sponda, quelle dell'ombra dell'aratro posato in terra e della stanga del carro sostenuta da un bastone verticale. Si avverte un senso di immobilità delle cose, anche il mare in lontananza sembra calmo, contribuendo a dare un tocco di solennità alla scena. Il tutto procede per macchie: non minute e sfuggevoli come tra gli impressionisti, ma a larghe zone di colore, colori primari quali il rosso del carro, il blu del mare, il giallo della terra bruciata dal sole, intensificati dal reciproco accostamento.

Biografia (a cura di www.pittart.com)

Giovanni Fattori nasce a Livorno il 6 settembre 1825. Dopo aver studiato con G. Baldini a Livorno, nel 1846 si trasferisce a Firenze. A Firenze, nel 1847, Giovanni diventa allievo di Giuseppe Bezzuoli (autore di grandi quadri storico-romantici). Il 1848 vede Giovanni Fattori coinvolto nei moti risorgimentali, con il compito, modesto ma pericoloso, di fattorino del

Partito d'Azione, ossia di distributore di fogli "incendiari". L'anno seguente assiste all'assedio di Livorno che lascerà in lui un'impressione indelebile.

Le battaglie risorgimentali, che saranno tante volte oggetto delle sue pitture, sono per lui la strada per raggiungere non solo l'unità d'Italia, ma soprattutto un mondo sociale nuovo, libero, onesto e giusto. All'inizio del 1852 inizia a frequentare il Caffé Michelangelo sito in via Larga, dove si ritrovano gli artisti Odoardo Borrani, Telemaco Signorini e Vito d'Ancona che intorno al 1855, costituiscono il gruppo dei Macchiaioli. A Firenze si entusiasma anche del colore di Domenico Morelli, ma Giovanni Fattori non aderisce subito alle nuove esperienze e fino al 1859 dipinge in maniera tradizionale, seguendo il gusto romantico. Al 1854 risale l'Autoritratto, primo quadro di qualità elevata, intonato su un cromatismo terso di toni bruni e bianchi accesi. Fra il 1855 e il 1857 Giovanni Fattori partecipa alle diverse edizioni della Promotrice fiorentina, nelle quali espone dipinti di argomento storico-letterario. Determinante per l'orientamento artistico di Giovanni Fattori è l'incontro con Nino Costa, per consiglio e incoraggiamento del quale Giovanni Fattori presenta al concorso per la celebrazione della guerra del 1859 (vincendolo) il "Campo italiano dopo la battaglia di Magenta" (1862), il primo quadro italiano di storia contemporanea. Nel 1861 esegue I fidanzati e il Ritratto della cugina Argia. Si trasferisce a Livorno per alleviare le sofferenze della moglie, malata di tisi; esegue tre grandi dipinti: Acquaiole livornesi, Le macchiaiole e Costumi livornesi. Nel 1867, dopo la morte della moglie, Giovanni Fattori è ospite di Diego Martelli a Castiglioncello, dove esegue i ritratti di lui e della moglie. Nel 1869 viene nominato professore all'Accademia di Firenze. Alcuni anni più tardi, nel 1873, Giovanni Fattori compie il primo viaggio a Roma, dove esegue alcuni dipinti, come i Barrocci romani. Nel 1875 è a Parigi con alcuni allievi; al ritorno è ospite della famiglia Gioli a Fauglia, dove dipinge amabili ritratti femminili. Nel 1880 esegue Lo scoppio del cassone e Lo staffato.

A quel tempo comincia a trattare soggetti campestri, che lo portano nel 1885 a soggiornare presso il principe Tommaso Corsini nella tenuta della Marsigliana. In quell'occasione Giovanni Fattori trae spunti per alcuni suoi quadri quali La marca dei puledri e il Salto delle pecore, esposti entrambi a Venezia nel 1887. In questi anni ottiene anche la cattedra di paesaggio all'Accademia di Firenze, dove dal 1869 insegna come incaricato. Alla fine del decennio esegue il Ritratto della figliastra e quello della seconda moglie. Nel 1905 si risposa per la terza volta con Fanny Martelli, anch'essa ritratta in uno dei suoi dipinti. La sua attività è intensa fino all'estrema vecchiaia, come dimostrano le numerose opere che espone con regolarità alle rassegne d'arte italiane e straniere. Giovanni Fattori muore a Firenze il 30 agosto 1908. E' stato il maggior pittore della macchia e forse di tutto l'ottocento italiano. Giovanni Fattori spesso nel corso della sua vita aveva sostenuto di non credere che per fare un artista occorra la cultura esatta e tuttavia questo essere <> é stata forse la sua principale arma, quella che gli ha permesso di essere solo se stesso, un artista libero creatore, privo di condizionamenti culturali.

La Maga Circe o "Melissa", di Giovanni Lutero detto Dosso Dossi

1516
Olio su tela,
cm 176 x 174.
Ubicato nella Galleria Borghese di Roma.

martedì 14 maggio 2013

Il soggetto di quest'opera è particolarmente affascinante: una maga che compie un incantesimo. A lungo si è creduto che fosse Circe, la maga crudele che nell'Odissea trasforma tutti i compagni di Ulisse in porci. Ma, al di là del fatto che così non si spiegherebbe la presenza del cane e dell'uccello, la donna qui raffigurata ha una faccia dolce e buona, lontana dall'espressione che dovrebbe avere Circe colta nell'atto di togliere ogni dignità umana a un gruppo di eroici guerrieri.

Recentemente è stata fatta un'altra ipotesi iconografica che ha trovato larghi consensi. Si tratterebbe di Melissa, la maga buona dell'Orlando Furioso di Ludovico Ariosto (canto VIII, 14-15), che libera i cavalieri cristiani e saraceni dal palazzo della malvagia Alcina, dove erano stati trasformati in pietre, alberi, animali, e restituisce loro le armi (una di queste è l'armatura a sinistra). Il cane e l'uccello sarebbero quindi paladini ancora trasformati, mentre gli strani manichini appesi all'albero potrebbero essere paladini nello stadio intermedio tra l'incantesimo e la liberazione. I tre uomini che discorrono sullo sfondo sarebbero, infine, paladini già liberati. Corrisponde al quadro anche la descrizione della fanciulla, che, nell'Orlando Furioso, ha un "viso giocondo" e una "ricca vesta".

Non bisogna inoltre dimenticare che Ariosto era il poeta di corte degli Estensi a Ferrara, gli stessi committenti della maggior parte delle opere di Dosso, e che proprio in quegli anni usciva la prima edizione dell'Orlando Furioso (1516). L'opera particolarmente pregiata sia per la grandezza che per l'anomalia del formato (quasi quadrato), si trovava nella collezione Borghese fin dalla metà del Seicento. Fu molto probabilmente commissionata da Alfonso d'Este nel secondo decennio del Cinquecento e portata a Roma successivamente, quando Ferrara divenne parte dello Stato della Chiesa.

La luce forte e vibrante e i colori accesi che caratterizzano il dipinto sono un'eredità della pittura veneta che Dosso studiò con attenzione, rielaborandola poi in modo originale. Pur rimanendo sempre alle dipendenze della corte estense, il pittore era solito viaggiare molto per aggiornarsi sulle novità artistiche dell'epoca. Dall'insegnamento della pittura veneta, in particolare di Giorgione e Tiziano, Dosso attinse soprattutto la tecnica pittorica. In quegli anni infatti si era diffuso a Venezia un nuovo modo di dipingere, particolarmente adatto per la pittura a olio, che prevedeva un uso del pennello molto più libero e veloce. Il colore ora veniva dato attraverso una serie di pennellate interrotte e frammentarie che, se viste da vicino potevano risultare caotiche, a distanza davano invece il senso della luce e della vibrazione atmosferica (vedi il paesaggio sullo sfondo).

Tiziano era il pittore veneto con cui Dosso ebbe i contatti più stretti. I due erano probabilmente legati da un rapporto di amicizia dato che si sa da alcuni documenti che fecero un viaggio di studio insieme. Il volto della maga Melissa potrebbe essere quindi un omaggio a Tiziano, essendo quasi identico a quello della bella fanciulla, coperta soltanto da un drappo, che simboleggia l'Amor Profano ("Amor Sacro e Amor Profano", 1514, Galleria Borghese, Roma). Per concludere accenniamo al fatto che per il movimento impressionista la pittura dei veneti e dei loro seguaci (come Dosso Dossi) costituì un punto di partenza importante per la nascita del nuovo stile. Il principio della pennellata "interrotta" è infatti alla base della tecnica impressionista che lo rielaborò anche sulla base di nuove scoperte scientifiche.

Re Candaule, di Jean-Leon Gerome

1859-1861
Olio su tela,
cm 68 x 98,
ubicato nel Museo Pushkin di Mosca.

martedì 21 maggio 2013

Il soggetto di questo dipinto introduce lo spettatore nell'atmosfera esotica e misteriosa dell'Oriente mitico: la scena è ambientata nel palazzo di Candaule, re della Lidia, personaggio storico di cui si hanno rare notizie, ma che secondo la tradizione discendeva addirittura da Ercole. Lo scrittore greco Erodoto narra nelle "Storie" che Candaule fu ucciso da Gige, fondatore della stirpe dei Mermnadi, al quale il re, per vanità, aveva permesso di guardare sua moglie, donna d'incomparabile bellezza, mentre si spogliava per coricarsi: la regina, offesa dalla sfrontatezza del marito, ordinò a Gige di ucciderlo, e in seguito lo sposò.

Non tutti i critici identificano nello stesso modo il momento della storia di Candaule illustrato da Gerome: alcuni, infatti, sostengono che si tratti della raffigurazione dell'"adulterio virtuale" commesso da Gige. Altri propendono, invece, per coglievi il momento immediatamente precedente l'assassinio del re: in ogni caso, il soggetto fu, per l'artista, soprattutto il pretesto per descrivere un seducente nudo femminile.

Esistono due versioni della tela: nella prima, la donna appare con il solo braccio destro alzato nell'atto di togliersi la veste, mentre nella replica conservata a Mosca entrambi gli arti sono levati, in una posa mirata a esaltare ulteriormente la tornita levigatezza delle membra.

Autoritratto con cappello di paglia, di Elisabeth Louise Vigée-Le Brun

1782
Olio su tela,
cm 97,8 x 70,5.
Ubicato a Londra, National Gallery.

martedì 28 maggio 2013

Figlia del pastellista Louis Vigée, la giovane pittrice francese è già famosa nel 1779, quando ritrae per la prima volta la regina di Francia, Maria Antonietta d'Austria. Nel 1776 Elisabeth aveva sposato, senza convinzione e senza grande soddisfazione, il più grande mercante d'arte di quei tempi, Jean-Baptiste-Pierre Le Brun. La sua emancipazione in realtà non è un caso raro nella Francia della fine dell'Ancien Régime, dove molte donne entravano a far parte della vita pubblica e intellettuale del paese: nascono riviste di moda e salons letterari, dove spiccano figure femminili come l'energica madame De Stael, intellettuale cosmopolita e coraggiosa oppositrice dell'egemonia napoleonica. Non a caso è proprio Elisabeth Vigée-Le Brun a effigiarla nelle vesti di Corinna, la protagonista di uno dei suoi romanzi più celebri, "Corinne ou l'Italie".

La formazione artistica delle pittrici del tempo veniva fortemente ostacolata dal divieto di partecipare alle accademie di nudo: esercizi del genere erano ritenuti inadatti a una giovane donna e fu questo il motivo per cui le pittrici celebri del Settecento, come Elisabeth e prima di lei la svizzera Angelica Kauffmann, furono costrette a specializzarsi nella ritrattistica. Ma in quest'ambito eccelsero, come dimostra l'immensa fortuna della Vigée-Le Brun, le cui doti di sensibile ritrattista vennero richieste da numerosi esponenti dell'aristocrazia europea.

La grandezza di Elisabeth, che le consentiva di stare una spanna sopra gli altri (e le altre), fu data dalla grazia e dalla naturalezza - sue stesse doti personali - che ella faceva confluire nelle sue opere che risultavano così prive di quella ostentazione, di quel narcisismo ed esibizionismo che gli altri si sentivano obbligati a marcare per rivendicare il loro status di intellettuali. La pittura di Rubens costituì un modello ideale per l'artista francese e l'"Autoritratto con cappello di pa-

glia" mostra un riflesso piuttosto evidente delle sue opere. Una fra tutte il "Ritratto di Helene Fourment con guanti" conservato alla Alte Pinakothek di Monaco.

In un altro suo celebre autoritratto, conservato agli Uffizi, Elisabeth Vigée-Le Brun si presenta all'interno del proprio studio, mentre dipinge il ritratto della ex regina Maria Antonietta di Francia. La scelta del soggetto ha indubbiamente origini ideologiche: la pittrice dichiara la propria fede monarchica, dimostrandosi riconoscente nei confronti della propria protettrice. Con gli inizi della rivoluzione francese, Elisabeth sceglie di abbandonare il paese, soggiornando in varie corti europee (Roma, Napoli, Verona, San Pietroburgo): le sue memorie, pubblicate nel 1835 e 1837 sono un eccezionale documento del tempo.

Il Figliol Prodigo, di Giovan Francesco Barbieri detto Il Guercino

1627-1628
Olio su tela,
cm 125 x 163.
Conservato nella Galleria Borghese in Roma.
martedì 4 giugno 2013

Il tema del figliol prodigo era particolarmente caro al Guercino che lo riprese più volte e sempre nello stesso momento della storia, quando cioè il figlio si sta liberando delle vesti da porcaro per indossare di nuovo quelle da signore. Il padre, accanto a lui in silenzio, sembra aver appena pronunciato (da Luca 15; 11-32): "Presto, prendete la veste migliore e fategliela indossare, mettetegli l'anello al dito e i sandali ai piedi. Prendete il vitello grasso e ammazzatelo....Perché questo mio figlio era morto ed è tornato in vita, era perduto ed è stato ritrovato". Un momento dunque profondamente commovente, in cui il silenzio si fa denso di emozione e significato. Siamo negli anni 1627-28, considerati dagli storici anni di transizione tra lo stile giovanile e quello maturo del pittore. Guercino fa ritorno a Cento, sua città d'origine, dopo un lungo soggiorno romano. A Roma il pittore aveva attraversato una fase di forte influsso caravaggesco, caratterizzata quindi da un uso marcato del chiaroscuro e dalla sperimentazione di nuove strutture compositive. Il ritorno a casa coincide con una sorta di ritorno all'ordine, alla ricerca cioè di uno stile più classico ed equilibrato.

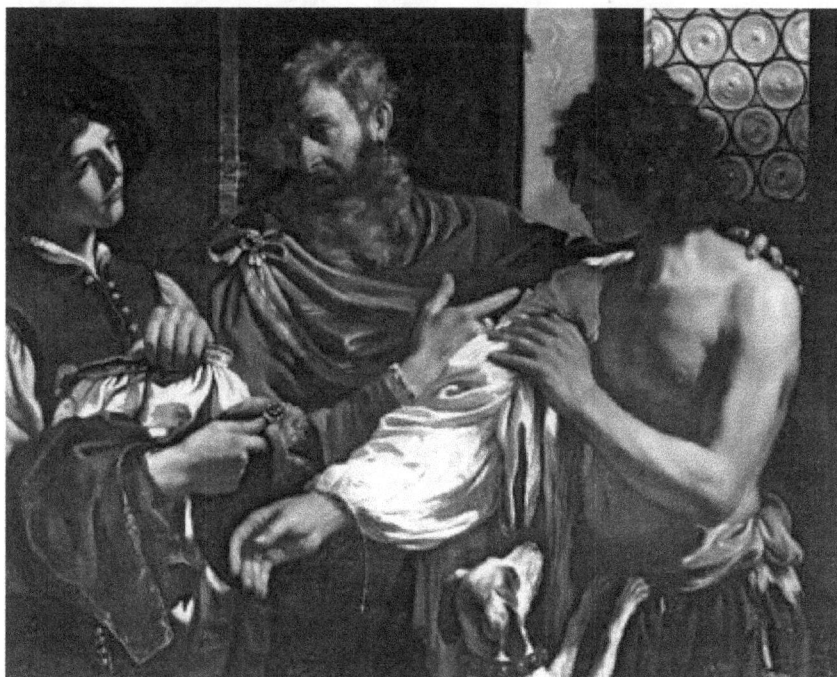

Rispetto alle ardite sperimentazioni caravaggesche, il quadro ha in effetti un ritmo più meditato. Le figure interagiscono dolcemente e il vecchio padre, posto al centro della composizione, sembra una statua antica. I colori, ricchi, profondi, intensi e pastosi, denunciano non soltanto la conoscenza della pittura caravaggesca ma anche una conoscenza approfondita della scuola veneziana. Cento si trova infatti tra Bologna e Ferrara. Il giovane Guercino aveva quindi avuto la possibilità di guardare non soltanto ai modelli bolognesi, suo imprescindibile punto di partenza, ma anche alla pittura ferrarese che, grazie alla tradizione di Dosso, era ricca di elementi veneziani. Non si conosce il committente dell'opera, ma si sa dai documenti che apparteneva alla famiglia Lancellotti e fu venduta ai Borghese nel 1818.

107

Il volto del figliol prodigo è avvolto nell'ombra, mentre la spalla e il braccio, colti nell'atto di sfilare la veste da porcaro, sono ben illuminati. Il contrasto ombra-luce ha inoltre un forte valore simbolico di passaggio dal peccato alla redenzione. Il cane che riconosce il padrone appena ritornato, è un importante simbolo di fedeltà. In questo caso il riferimento è soprattutto alla fedeltà verso la propria famiglia e ai propri doveri. La finestra chiusa attraverso cui filtra la luce dell'esterno conferisce un senso di intimità alla scena. Il modo in cui Guercino ha dipinto i drappeggi della logora veste del figliol prodigo indica chiaramente il fatto che il pittore si è formato anche su modelli veneziani. La luminosità del bianco è infatti ottenuta attraverso sovrapposizioni graduali di tonalità sempre più chiare di grigi e ocra, fino al bianco assoluto nei punti di massima intensità luminosa.

Gli Arcieri, di Henry Raeburn

Olio su tela,
cm 110,5 x 123,6.
1789-1790.
Ubicato alla National Gallery di Londra

martedì 11 giugno 2013

Vicini e somiglianti, uniti nella loro attività prediletta e vestiti allo stesso modo: questo dipinto sembra l'ennesimo episodio di cronaca familiare, la storia di due fratelli completamente diversi tra di loro, ambientata nell'atmosfera pacata della Scozia settecentesca.

Il più grande dei due, Robert Ferguson of Raith, sta tirando l'arco per lanciare una freccia; suo fratello minore, Ronald, posizionato in ombra per simboleggiare il tradizionale rispetto dovuto al primogenito, rivolge uno sguardo timido verso l'osservatore, come se si interrogasse sul perché di questa esibizione davanti agli occhi di uno sconosciuto. I due fratelli, figli di un facoltoso gentiluomo scozzese, sono rappresentati mentre si dedicano alla disciplina sportiva che godeva di grande prestigio presso i ceti elevati della società britannica: dal 1792 al 1801 entrambi saranno ammessi nell'esclusiva Royal Company of Archers. Dopo gli studi di letteratura e diritto civile svolti a Edimburgo e Glasgow, nel 1793 Robert lasciò la patria scozzese per intraprendere un Gran Tour, che lo portò sul continente europeo in Polonia, Germania, Francia, Svizzera e Italia. Tornato in patria dopo dodici anni di assenza durante i quali era stato anche prigioniero di guerra nel periodo dell'occupazione napoleonica, Robert, forte collezionista di minerali, si dedicò prevalentemente all'attività politica, come membro della Camera Alta. Sir Ronald Ferguson intraprese invece la carriera militare, sbocco tradizionale per un secondogenito dell'aristocrazia scozzese.

D'altro canto la sua stessa personalità lo aveva destinato, sin dalla prima gioventù, a rimanere nell'ombra del fratello: ed è proprio questa implicita gerarchia familiare che il pittore sembra cogliere con grande sensibilità. La pittura di Raeburn si presenta, agli occhi dell'osservatore, poco contrastata, quasi monocroma: in particolare il paesaggio sullo sfondo sembra quasi abbozzato con una serie di pennellate fluide di tonalità marroni e beige. Soltanto la figura di Robert Ferguson è ben illuminata, il suo vestito e il suo volto sono rifiniti e dipinti in tonalità più chiare, che lo distinguono dal resto della composizione, soprattutto dal fratello collocato in penombra.

La libertà guida il popolo, di Eugene Delacroix

1830.
Olio su tela,
cm 260 x 325.
Museo Louvre di Parigi.

martedì 18 giugno 2013

Siamo di fronte a una celebrazione delle tre giornate, le "Trois Glorieuses", del luglio 1830 che portarono alla cacciata di Carlo X e alla nascita della monarchia parlamentare di Luigi Filippo. L'insurrezione dei parigini avva come obiettivo il ritorno alla repubblica, che non si verificherà. Delacroix, che si era arruolato nella guardia nazionale, non vi aveva preso direttamente parte, ma da liberale e in quanto facente parte del movimento romantico, raffigura anche se stesso nelle vesti dell'uomo con la tuba che impugna il fucile.

L'allegoria della libertà brandisce il tricolore, seguita da una folla di armati visibile attraverso il fumo delle esplosioni che avvolge Parigi. L'accentuato tono declamatorio, i gesti concitati, l'impostazione delle figure ma soprattutto l'apertura del primo piano occupato quasi interamente dai corpi dei due caduti, rivelano una certa enfasi e un'indubbia teatralità.

Il realismo con cui sono ritratti i personaggi, con le caratteristiche proprie del ceto di appartenenza, si mescola all'epopea, animata da una sincera e tesa passione a parte dell'artista. Il dipinto è stato definito la prima composizione politica della pittura moderna perché segna il momento in cui il romanticismo cessa di rivolgersi all'antico per partecipare alla vita contemporanea.

111

Ritratto di Madame Recamier, di Jacques-Louis David

1800.
Olio su tela,
cm 174 x 244.
Ubicato al Louvre di Parigi.
martedì 25 giugno 2013

Capolavoro incompiuto di David, appartiene alla fase centrale della sua produzione, al momento di maggiore potenza quale pittore ufficiale dell'età napoleonica. Nel 1800 la spinta rivoluzionaria è ormai un ricordo, e le opere di David, anche se magnifiche e prestigiose, sono considerati da alcuni critici non immuni da esiti celebrativi.

I ritratti, tuttavia, rimangono fra le testimonianze più alte della sua personalità e del suo stile e fra questi "Madame Recamier" è uno dei più significativi. La posa della bella dama è studiatissima, ma l'effetto è di grande semplicità. La raffinata, morbida figura, volge delicatamente la testa sottile e sensibile verso lo spettatore.

All'estrema purezza dell'ambiente, di rara concisione, in cui il leggero tripode sulla sinistra vale quale importante elemento di riferimento compositivo e spaziale, corrisponde una condotta pittorica vibrata e incisiva, in particolare nei tocchi sui cuscini, sulle vesti, sui riccioli intrecciati e attorti dove affiorano rapidi momenti di luce.

Il sofà, il tripode, il vestito indossato da Madame Recamier, sono "a l'antique", nello stile impero che caratterizzò l'abbigliamento e gli arredi durante il regno di Napoleone, quando le arti figurative, la letteratura, la moda, si incaricano di confermare l'illusione di Bonaparte di avere riportato in vita l'antico mondo dei Cesari.

Maja desnuda e "Maja vestida", di Francisco Goya y Lucientes

1800-1803 circa.
Olio su tela, cm 97 x 190 e 95 x 190.
Ubicate al Museo Prado di Madrid.

martedì 2 luglio 2013

Intorno al 1800 Francisco Goya dipinse una bella donna elegante mollemente abbandonata su un letto ricoperto di grandi cuscini. Il fatto che la raffigurasse anche in una tela di dimensioni quasi identiche, nella stessa posa ma nuda, ha suscitato da sempre grande interesse e curiosità. Sebbene sia ormai accertato che la tela con la figura nuda fosse normalmente nascosta dall'altra, la rappresentazione priva di pretesti allegorici o mitologici di un corpo femminile nudo doveva apparire notevolmente ardita a quel tempo.

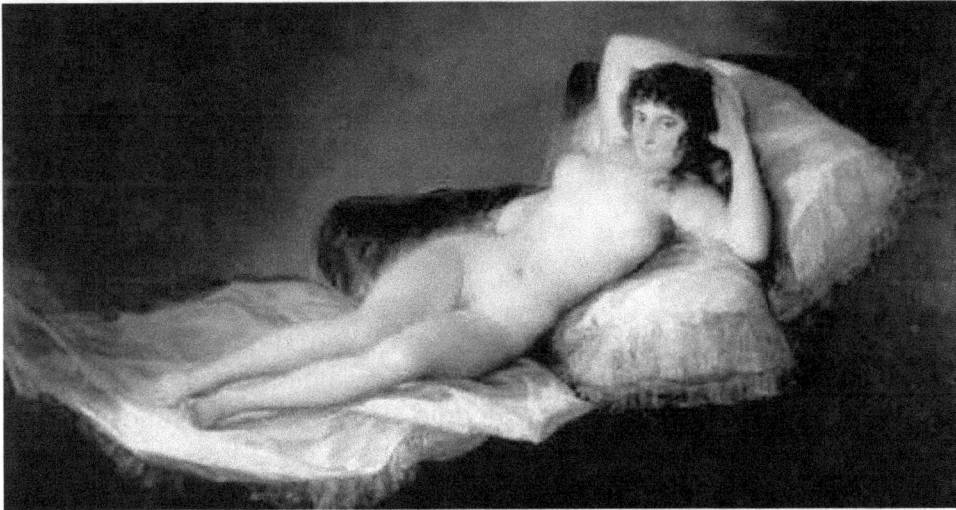

La "decenza" dell'arte spagnola era, fra l'altro, severamente controllata dall'Inquisizione e l'uso del nudo era sostanzialmente proibito, o comunque enormemente limitato, anche nei temi mitologici. La Maja desnuda e la Maja vestida sono diventate così fra i dipinti più celebri dell'arte spagnola non solo per la loro straordinaria qualità, ma soprattutto per la curiosità suscitata dal soggetto, dalla loro storia e dalla loro relazione. Numerosi i tentativi di identificare la giovane che posò per i quadri: l'ipotesi per cui le due tele sarebbero un ritratto di Maria Teresa Cayetana, duchessa d'Alba, dipinte nel 1797 quando Goya soggiornò nella residenza della famosa nobildonna a Sanlucar, non è suffragata da documenti e oggi tende ad essere esclusa.

Peraltro Mariano Goya, nipote dell'artista, nel 1868 rivelò al pittore Luis de Madrazo che la modella era stata una giovane protetta di un amico del pittore. Molte altre supposizioni sono state fatte (fra l'altro, che Goya abbia usato due modelle diverse) ma nessuna ha raccolto unanimi consensi. Le due tele furono custodite a lungo insieme all'Accademia di San Fernando, dove la versione senza veli restò per molto tempo nascosta, finché nel 1901 furono esposte entrambe al Prado. Il formato orizzontale delle tele fa si che le figure siano riprese da un punto di vista molto ravvicinato, che infonde loro monumentalità.

La posa della fanciulla e la composizione sono identiche, ma sono state riscontrate tra le due versioni alcune differenze di tecnica. Nella donna vestita la tecnica pittorica è al tempo stesso sommaria e raffinata, con un impasto di colore ricco e denso, soprattutto nel corpetto dorato, nella fascia rosa e nel bianco lucente del vestito. L'abito, dipinto con tonalità iridescenti che ravvivano il tono opaco dell'ambiente, lascia intuire chiaramente il corpo, tanto che a molti questa figura appare anche più seducente dell'altra. Nella fanciulla nuda sembra incarnarsi un ideale di bellezza femminile vicino a quella della tradizione accademica. Rispetto alla tecnica più libera della versione vestita, qui la pittura è nitida e le carni sembrano come di porcellana o di smalto.

Forse per evitare il rischio di eccessiva uniformità nei colori, in questo dipinto il cuscino verde diventa più grande e fa risaltare la carnagione chiara della fanciulla. In entrambe le figure sorprende il volto sostanzialmente inespressivo, che sembra quello di un manichino, appoggiato al tronco in maniera innaturale. La fanciulla vestita mostra comunque un incarnato dal colorito più rosato e vivace. Inevitabile è il confronto tra le due majas e il ritratto della marchesa de Santa Cruz, che Goya raffigurò nel 1805 distesa su un letto e rivolta con mossa audace verso lo spettatore. In questo caso però, come voleva la tradizione rinascimentale e poi accademica, l'atteggiamento abbandonato e sensuale è mascherato da un "travestimento" mitologico: la nobildonna viene ritratta nelle vesti di Euterpe, musa della musica, mentre la maja non si cela dietro alcun riferimento colto.

Col volto reclinato sulla sinistra / Orazio Leotta

Olympia, di Édouard Manet

Olympia di Édouard Manet
1863
olio su tela, 130x190 cm
conservato al Musée d'Orsay di Parigi

mercoledì 17 luglio 2013

Dopo le numerose richieste dei lettori, pervenute in redazione in questi giorni, apriamo una versione "estiva" della rubrica. Raccogliamo volentieri l'invito, proponendo altre opere, per le cui recensioni, ci pregiamo di avvalerci della collaborazione di Benny Ennici, appassionata e studentessa di arte.

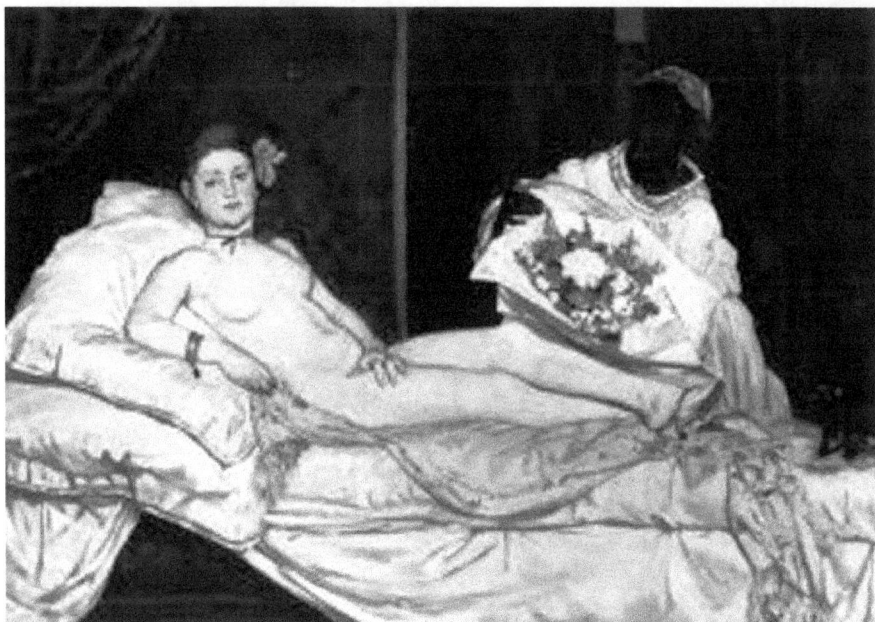

Edouard Manet (Parigi 1832 - ivi 1883), è l'artista le cui opere suscitavano sdegno e scandalo nel pubblico e nella critica. Nato in una solida famiglia borghese, ambiva a percorrere la normale carriera dell'artista nell'ambito della cultura officiale e quindi all'interno dei Salon. Le sue opere rivelano con chiarezza la discendenza dalle opere dei grandi maestri studiati nei maggiori musei come il Louvre, gli Uffizi e il Prado: l'esistenza di questo rapporto tra passato e presente è nella composizione, al punto da farlo sembrare un imitatore e spesso è stato accusato di scarsa fantasia.

Il dipinto dell'Olympia, esposto al Salon del 1865 (mostra di artisti contemporanei, dove una giuria decideva quali quadri potessero essere esposti), venne ritenuto un vero e proprio dipinto scandalistico e provocatorio. Del resto, come per altri dipinti di Manet.

Nel dipinto è evidente il ricordo della Venere di Urbino di Tiziano (1538) e della Maya desnuda di Goya (1800): qui vediamo rompersi ancora più decisamente la tradizione accademica per la particolarità dei colori vivaci e uno straordinario contrasto tra il bianco e il nero, evidenziato dall'avorio della donna e dallo sfondo del quadro, dalle vesti della domestica e dal suo viso.

Nel dipinto vediamo Olympia in primo piano, nome d'arte che si dava alle signorine di facili costumi di quei tempi, nuda e semidistesa con alle spalle una inserviente di colore che le porge uno bouquet floreale, forse donato da un presunto corteggiatore.

Gli elementi che accrescono la malizia del dipinto sono sicuramente le caratteristiche di una nudità non semplice ma ornata, come il fiore fra i capelli. Ma anche il nastro di raso nero al collo della modella, il bracciale d'oro al braccio destro e il fiore esotico sull'orecchio sinistro.

Il dipinto venne anche ritenuto offensivo per la bruttezza della donna e per la sua figura troppo magra che era contro la moda del tempo, che preferiva una donna "in carne", considerata molto più attraente.

APPROFONDIMENTO

Il piccolo gatto nero dipinto ai piedi del letto è quasi invisibile: sta ad indicare la lascivia, un vero e proprio atteggiamento di disponibilità sessuale; a differenza della Venere di Urbino, dove ai piedi della donna c'è dipinto un cane, che simboleggia fedeltà all'amato.

Guernica, di Pablo Picasso

 1937
olio su tela
349x776 cm
Museo Nacional Centro de Arte Reina Sofia, Madrid

martedì 23 luglio 2013

Guernica è un opera d'arte che più di ogni altra è diventata l'immagine-simbolo degli orrori della guerra civile in Spagna e di ogni altra guerra: si tratta di una tela realizzata nel 1937 ad opera del grande Pablo Picasso. La tela fu ispirata dal sanguinoso bombardamento che subì la cittadina spagnola Guernica, la sera del 26 aprile del 1937, da parte dell'aviazione militare tedesca, che rase al suolo la città e uccise soprattutto donne e bambini. Picasso apprese la sconvolgente notizia mentre era impegnato a realizzare un dipinto che rappresentasse la Spagna in occasione del-

l'Esposizione Universale a Parigi del 1937. Sconvolto e commosso dalla tragica sorte della città decise così di realizzare questo grande pannello, elaborato in meno di due mesi, che fosse una sorta di manifesto contro tutte le guerre e che esponesse anche attraverso le sue grandi dimensioni il dolore che esse provocano.

Picasso prima di realizzare l'opera si dedicò ad un'intensa fase di studio, testimoniata da ben 45 schizzi preparatori e diede particolare attenzione ad un articolo giornalistico che parlava dell'evento e ad una fotografia che rappresentava la città ormai distrutta completamente.

Nel dipinto, Picasso non descrive nei dettagli la tragedia: non vediamo case diroccate o uomini con il fucile, ma tanti valori simbolici come la colomba, che è il simbolo della pace. Nel quadro è presente lo stile del cubismo: forme spezzettate e il loro sovrapporsi suggeriscono un ambiente caotico. Il colore è del tutto assente per accentuare ancora di più la drammaticità di quanto è rappresentato.

La luce fredda della lampada suggerisce uno spazio dove domina la figura scalpitante del cavallo ferito, l'animale dal ventre schiacciato, strumento dell'uomo nella battaglia, appare come simbolo della tragedia umana. La figura del toro apre la composizione a sinistra: l'animale (figura tipica della cultura spagnola) ricorda il mitico Minotauro, emblema dell'irra-

119

zionalità.

Nell'opera si possono notare anche figure umane, come il guerriero morto a terra e le figure femminili: la donna con la lampada che si sporge dalla finestra, la donna in fiamme, la donna col bimbo morto fra le braccia e la donna nuda in fuga con lo sguardo angosciato rivolto verso l'alto.

Aringhe affumicate (Still Life: Bloaters on a piece of yellow paper), di Vincent Van Gogh

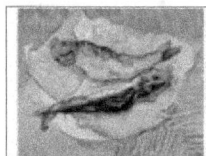

Olio su tela,
cm 33 x 41.
1889.
Collezione privata

mercoledì 25 settembre 2013

Il dipinto risale al gennaio del 1889 quando Van Gogh uscì dall'ospedale dove era stato ricoverato a seguito del famoso litigio con Gauguin e la mutilazione dell'orecchio. Il quadro rappresenta un dono che l'artista olandese volle elargire al collega francese Paul Signac, anarchico, uno dei pochi che gli fece visita in ospedale e che fu in grado di risollevare il morale di Vincent.

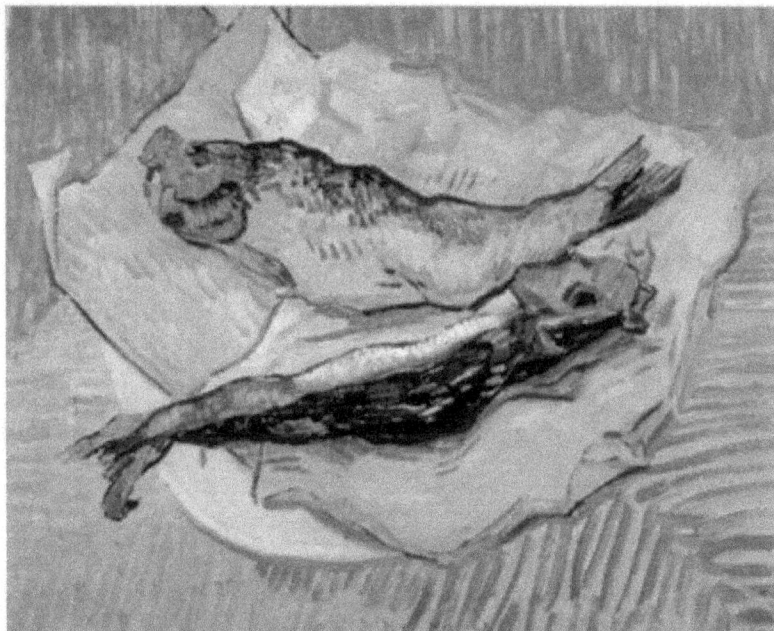

E' una sinfonia di giallo e di viola con numerose sfumature: il viola è lo stesso colore della parete della stanza ove Van Gogh dipingeva e qui è riproposta come una sorta di rettangolo rigato verticalmente dalle pennellate; il giallo è lo stesso della sua sedia di paglia, un po' gialla e un po' verde, fittamente intessuta da fili orizzontali. Le aringhe, comprate in una bottega di Arles, ovviamente già morte, hanno l'aspetto di chi ha precedentemente molto sofferto (parallelismo con lo stato d'animo dell'artista), sembrano morte per asfissia; chiazze di rosso fuoco si incastonano nel giallo e nello scuro della pelle secca a guisa di crosta.

Le code sono secche, la forma oblunga tendente all'aguzzo; danno l'idea di una natura morta che più morta non si può. Eppure le aringhe hanno storicamente costituito un cibo alla portata dei più poveri che hanno vinto o sopportato la fame grazie a questi pesci dal sapore di fumo e di sale ma che da secoli continuano ad essere necessari nelle tavole di ricchi e di poveri. Gli stati del Nord Europa hanno costituito le loro fortune sulle aringhe, linfa vitale per il commercio e cibo per i più poveri o per i pescatori che trascorrevano in mare giornate intere.

Danae, di Harmenszoon Rembrandt Van Rijn

Olio su tela, cm 185 x 203. 1656 circa. Ubicato al Museo Ermitage di San Pietroburgo

martedì 1 ottobre 2013

Secondo la mitologia classica Danae, figlia di Acrisio, re di Argo, fu amata da Giove. Il padre, spaventato da una profezia, l'aveva rinchiusa in una torre di bronzo per impedirle di avere figli, ma il dio riuscì a possederla ugualmente, raggiungendola sotto forma di pioggia d'oro. Da quest'unione sarebbe nato Perseo, che poi, proprio come era stato predetto, uccise accidentalmente il nonno. Rembrandt rappresenta la donna stesa su un sontuoso letto a baldacchino mentre accoglie, nuda e sorridente, la luce che la investe; alle sue spalle, oltre il pesante tendaggio di velluto rosso, s'intravede la figura di un vecchio, probabilmente il padre Acrisio.

Il corpo di Danae, addolcito da una morbida penombra, è uno dei rari nudi femminili dipinti da Rembrandt, che nell'arco della sua lunga attività dovette tener conto della censura esercitata dalla rigida morale calvinista. La composizione è dotata di un notevole senso di profondità, che l'artista ottiene ponendo la figura centrale di Danae su un asse diagonale; a creare l'effetto di spazio reale, contribuisce anche il tendaggio sullo sfondo, semiaperto, alla stregua di un sipario, su uno scorcio soffuso di chiarore.

L'artista era solito inserire i suoi soggetti in sontuosi e scenografici sfondi simile quasi a un "set di posa": per allestirli, egli acquistava con regolarità arredi, tessuti e oggetti di varia provenienza, tanto che finì per trasformare il proprio atelier in una sorta di bottega di rigattiere. Rembrandt immagina la cella della torre, in cui Acrisio rinchiuse Danae, come una lussuosissima alcova, arredata con drappi di velluto, cuscini, tappeti, mobili e suppellettili in legno intagliato e dorato. Tra queste ultime spicca un putto incatenato e piangente che, anziché sembrare una scultura, pare invece animato e partecipe della scena.

Los Borrachos o "Trionfo di Bacco", di Diego Rodriguez de Silva y Velazquez

 1628 circa. Olio su tela, cm 16 x 188, ubicato al Museo Prado di Madrid

martedì 8 ottobre 2013

Il tema di questa tela, eseguita da Velazquez a Madrid intorno al 1628 prima di partire per l'Italia, sarebbe stato suggerito al pittore da Pieter Paul Rubens. Il maestro fiammingo gli avrebbe infatti narrato di una festa, avvenuta a Bruxelles nel 1612, durante la quale un uomo vestito solo di un telo di lino e incoronato di pampini era entrato alla presenza degli arciduchi Alberto e Isabella a cavallo d'una botte, insieme a otto compagni.

La compresenza dei due titoli , entrambi calzanti, mette in luce le due diverse componenti dell'opera: la celebrazione aulica del personaggio mitologico e la scena di vita reale. Dividendo infatti idealmente il quadro in due parti esatte, ci si accorge che quella di sinistra, incentrata sulla nobile figura di Bacco, fa pensare a un'opera di tono serio e classicheggiante, alla quale meglio corrisponderebbe il secondo titolo, mentre alla parte di destra, che traspone il mito in un momento quotidiano, faceto e popolare, si adatta di più "Los Borrachos". Perno della composizione è Bacco che, seduto su una botte all'ombra di una vite, incorona distrattamente un suo umile devoto.

I personaggi popolari che gli si assiepano attorno sulla destra sono differenziati nelle pose e negli abiti, rappresentando quindi diverse condizioni sociali. Il soldato, che si inginocchia con le mani giunte nel ricevere la corona, sembra quasi partecipare a una cerimonia religiosa e, con le altre due figure in primo piano disposte in diagonale, pare uno dei re Magi: un'allusione ironica probabilmente voluta deliberatamente dal pittore. La figura di Bacco, col suo incarnato chiaro e l'aspetto opulento, l'espressione del volto ambiguamente sensuale, trovano analogia nel "Bacco Adolescente" dipinto dal Caravaggio intorno al 1596.

Non si tratta di un riferimento casuale, dal momento che il caravaggismo era assai radicato in Spagna, dove erano giunte da Roma e da Napoli opere del Caravaggio stesso e dei suoi più stretti seguaci. Nella parte destra del dipinto, notiamo, che un'unica figura non si rivolge ossequiosa verso il dio, ma guarda davanti a sé alzando una grande tazza bianca colma di vino; essa ricorda alcuni filosofi dipinti da Jusepe de Ribera, in particolare l'Archimede dell'omonimo quadro, anch'esso conservato al Prado.

Lo Sposalizio della Vergine, di Raffaello Sanzio

1504, olio su tavola, cm 170 x 118. Ubicato nella Pinacoteca di Brera in Milano.

martedì 15 ottobre 2013

Esso costituisce il capolavoro giovanile di Raffaello, realizzato per la cappella Albizzini dedicata a San Giuseppe nella chiesa di San Francesco a Città di Castello. Il dipinto è firmato (Raphael Urbinas) e datato (MDIIII) sull'arco del portico che cinge il tempio a pianta centrale e a base ottagonale. Ed è verso tale tempio, ed esattamente verso la porta centrale aperta sulla campagna umbra che portano e corrispondono tutte le vie di fuga che prendono il via dalla prospettiva centrale della piazza ove si svolge il rito del matrimonio. In primo piano lo sposalizio: un sacerdote al centro, tiene le mani di Maria e Giuseppe, gli sposi. Dal lato di Giuseppe tutti gli altri pretendenti il cui bastone non è "fiorito". Maria infatti sarebbe andata in sposa a colui il cui ramo secco donatogli sarebbe fiorito rivelando così un segnale divino, e ciò capitò a Giuseppe. Si nota, fra gli altri, uno dei pretendenti delusi che rompe in due il suo bastone non fiorito in quanto ormai inutile. Dal lato di Maria, invece le sue compagne. Solo donne pertanto dal lato sinistro, quello di Maria, e solo uomini dal lato destro, quello di Giuseppe. Il punto di vista rialzato fa notare che la disposizione dei personaggi non è allineata, ma forma una sorta di semicerchio, di concavità, che bilancia così la convessità delle forme architettoniche sullo sfondo. Le espressioni del viso degli astanti sono le più variegate: il sentimento della malinconia sembra predominare ma al contempo persiste una certa grazia persino in colui che, sconfitto, rompe il bastone. Anche i colori sono vari e ricchi di sfumature e contribuiscono a creare una calda atmosfera, una certa plasticità tardo-quattrocentesca che sembra aprire la porta ai primi vagiti della "maniera" dell'Italia centrale. Eleganza degli abiti e armonia delle posizioni. Sullo sfondo un grande tempio circolare con cupola, contornato da un immenso cortile, volutamente presentatoci sullo sfondo di modo che, da un lato, possa delimitare un paesaggio profondissimo (attraverso le aperture l'occhio può raggiungere cielo e campagna retrostante) e dall'altro ne può accentuare lo spazio con tutte le figure presenti in modo che l'edificio non appaia massiccio ed imponente. La prospettiva è sottolineata dalla griglia della pavimentazione della piazza a

strisce rettangolari che converge verso il punto di fuga situato al di là della porta del tempio. Raffaello, per quest'opera si ispirò a un'analoga tavola che proprio in quegli anni il Perugino stava dipingendo per il Duomo di Perugia (è conservata nel Museo delle Belle Arti di Caen).

Ritratto dell'attrice Jeanne Samary, di Auguste Renoir

Olio su tela, cm 174 x 101,5. 1878, ubicato al Museo Ermitage di San Pietroburgo
martedì 22 ottobre 2013

Quando posò per questo ritratto, Jeanne Samary aveva soltanto ventuno anni e già da tre calcava le scene della Comédie Francaise, dove si era distinta interpretando soprattutto le parti di servetta e di domestica nelle commedie di Moliere. Renoir cominciò ad impiegarla come modella nel 1877 e nel giro di pochi anni le fece ben dodici ritratti.

La sua bellezza tornita, ravvivata dal tono dorato della carnagione e della capigliatura, era particolarmente apprezzata dall'artista, che proprio su queste caratteristiche basa la sensuale tavolozza del dipinto dell'Ermitage. Insolitamente la giovane attrice non è rappresentata nelle vesti di un personaggio teatrale, ma – come suggeriscono la parete dipinta o tappezzata, il ricco tendaggio rosso, il vaso di metallo con la palma, il soffice tappeto dai disegni minuti – nell'anticamera di qualche salone dove è in corso un ricevimento mondano a cui, come rivela l'espressione viva del volto e la posa non perfettamente statica, protesa, ella sembra ansiosa d'intervenire.

C'è infatti nell'immagine un'immediatezza, che si potrebbe definire fotografica (vedi ad es. a sinistra come lo strascico dell'abito da sera indossato da Jeanne viene bruscamente interrotto nella rappresentazione). Del resto la fotografia, con il suo taglio delle immagini meno convenzionale di quello della tradizione pittorica, fu un elemento determinante per la formazione della poetica impressionista e non a caso la prima mostra del gruppo avvenne nello studio parigino di un noto fotografo, Felix Nadar.

Pennellata soffusa, accostamento di tonalità di bianco, spiccato candore dei guanti, l'avorio dell'abito e il chiarore dorato della carnagione, questi gli altri evidenti tratti caratteristici del dipinto. Il Museo Pushkin di Mosca conserva un altro delicato ritratto di Jeanne Samary, ugualmente eseguito da Renoir che fu esposto nello stesso 1877 alla terza mostra organizzata dagli impressionisti.

Cena in Emmaus, di Michelangelo Merisi, detto Caravaggio

 1601 circa. Olio su tela, cm 141 x 196,2. Ubicato alla National Gallery di Londra
martedì 29 ottobre 2013

La Cena in Emmaus rappresenta un episodio tratto dal Vangelo di Luca: due discepoli camminavano lungo la strada per Emmaus, paese a poca distanza da Gerusalemme, quando furono raggiunti da uno sconosciuto che prese a informarsi delle vicende della vita di Cristo. Sedutisi per la cena in un'osteria, l'estraneo prese il pane, lo benedisse e lo spezzò passandolo agli altri due: " ed ecco si aprirono loro gli occhi" e furono in grado di riconoscere il maestro.

Caravaggio mette in scena lo sconcerto dei discepoli al momento del riconoscimento: i gesti scomposti e l'uso consapevole della luce distinguono i seguaci di Cristo, illuminati dalla rivelazione divina, dalla condizione di oscurità in cui si trova l'oste. Il tema è legato all'istituzione dell'Eucarestia durante l'ultima cena, che in questo episodio viene rievocata per la prima volta: il pane e il vino sono infatti i simboli materiali attraverso i quali si rinnova il sacrificio di Cristo.

Sulla tavola le vivande raffigurate rimandano alle opere giovanili del Caravaggio (es. la famosa "Canestra di Frutta" della Pinacoteca Ambrosiana). La conchiglia sul manto del discepolo a destra è un simbolo tradizionale dei pellegrini e sembra evocare in questo caso il viaggio a Emmaus appena compiuto dai due seguaci di Cristo. Per la tipologia inconsueta del Cristo è probabile che Caravaggio abbia tratto ispirazione dal Cristo del Giudizio Universale di Michelangelo, sia per l'aspetto giovanile che per l'eloquente gesto delle mani.

131

Ercole e Onfale, di Francois Boucher

1734. Olio su tela, cm 90 x 74. Museo Pushkin di Mosca
martedì 5 novembre 2013

Secondo una tradizione che fa capo ad Apollodoro, Ercole fu venduto come schiavo per aver ucciso un amico in un momento d'ira. Per sua fortuna fu acquistato dalla regina di Lidia, Onfale: i due divennero in breve tempo amanti. I due amorini, ai piedi del letto, trattengono il fuso e la pelle del leone, di cui i due amanti si sono disfatti per concedersi alla passione.

Boucher, esponente dell'ultimo barocco francese, che già strizza l'occhio al rococò, è unanimemente ricordato per i toni erotici e sensuali della sua produzione; del mito, egli sceglie infatti il momento preciso ed esplicito della seduzione.

133

In quest'opera, che all'epoca doveva apparire piuttosto conturbante, il soggetto mitologico o di genere che sia, passa in second'ordine rispetto all'esaltazione della grazia e della bellezza femminile. I due amanti sono colti nel momento del bacio travolgente, i corpi sono uniti nell'incrocio delle gambe e delle braccia. La scelta della pennellata, sciolta e vivace, ben si addice alla rappresentazione di questa unione repentina e di foga amorosa. Quanto ai colori, si nota il contrasto tra l'incarnato scuro di Ercole e quello rosa perlaceo di Onfale.

Nell'affrontare il tema di Ercole e Onfale sembra evidente come Boucher abbia tratto ispirazione dall'analogo tema trattato dal suo maestro Francois Lemoyne, con la differenza che l'anziano pittore non aveva reso esplicita la passione tra i due limitandosi ad un allusivo abbraccio. Nulla di esplicito, solo uno sguardo complice, né tantomeno notiamo un contrasto di colori, anzi al contrario, entrambe le figure sono intrise di luce con incarnati rosei e morbidi.

In Risaia, di Angelo Morbelli

1901. Olio su tela, cm 183 x 130. Boston Museum of Fine Arts
martedì 12 novembre 2013

Diverse sono le chiavi di lettura di questo dipinto di Angelo Morbelli; 1) la documentazione del "sociale": si rappresenta il duro lavoro delle mondine chine per ore ed ore, con le mani nell'acqua e pertanto a stretto contatto con una costante umidità. Sono giovani e talmente intente al lavoro che ne consegue una cappa di silenzio, stretta conseguenza della fatica profusa.

2) la visione fotografica, ma anche cinematografica della scena di lavoro: il taglio è obliquo, la luce è studiata con scrupolo, sembra calda quasi abbagliante. Le donne, a parte quella eretta rappresentata nell'atto di sistemarsi il copricapo, compiono tutte lo stesso gesto, e se ne evidenzia la prospettiva nel contesto di un paesaggio che si perde a vista d'occhio. Morbelli è il massimo esponente del divisionismo; egli infatti non ricorre al chiaroscuro, ma delimita le forme con i colori.

3) l'influenza del paesaggismo impressionista con un particolare studio per la flora locale (siamo dalle parti di Casale Monferrato). Ricerche atmosferiche, libertà di tocco e studio del paesaggio contraddistinguono altresì questo dipinto, che se visto da una certa distanza potrebbe essere scambiato per una fotografia.

135

Fiumana, di Giuseppe Pellizza da Volpedo

Olio su tela, cm 255 x 438. 1895-1896, ubicato nella Pinacoteca di Brera in Milano

martedì 19 novembre 2013

Titolo originario della prima versione: "Ambasciatori della fame", mutato nel meno retorico e più significativo "Fiumana": la scena, infatti, raffigura una schiera di braccianti in sciopero, le cui fila, che s'ingrossano con ritmo costante, avanzano sicure e compatte, come le acque tumultuose di un fiume pronto a tracimare dagli argini.

La tela è l'esito dell'intenso lavoro di rielaborazione cui l'artista sottopose la prima versione: egli modificò più volte l'atmosfera luministica della composizione, e, di conseguenza, anche il modellato delle figure e il tono cromatico generale, come a realizzare un assoluto equilibrio di verità vera e di verità ideale, e per restituire – soprattutto attraverso la figura del capo della fiumana – un ritratto vero, ma al contempo nobilitato, della classe popolare.

Nonostante sia rimasto allo stato di abbozzo, il dipinto riveste un importante ruolo nell'ambito dell'arte italiana della fine dell'Ottocento: esso fu infatti l'imprescindibile modello per l'opera più celebre di Pellizza, "Il Quarto Stato". Da notare il gioco di contrasti e riflessi sulle vesti delle figure, resi con pennellate a macchia o a lunghe filettature, ma anche sul terreno in primo piano, costellato di sassi redatti con colpi di bianco e di rosa. Come tutti i divisionisti, notevole è l'importanza data dunque ai valori cromatici: tonalità scure e forti quantunque dardeggiate dal sole.

La Toeletta di Venere, di Sebastiano Ricci

 1724 circa. Olio su tela, cm 109 x 142. Staatliche Museen di Berlino
martedì 26 novembre 2013

Il bellunese Sebastiano Ricci, vissuto a cavallo tra il seicento e il settecento dimostra in "La Toeletta di Venere" altrimenti nota come "Betsabea al bagno" di avere assimilato la tradizione rinascimentale veneziana imitando in modo disinvolto e sicuro il repertorio delle composizioni di nudo femminile specie quando virano verso il sensuale e il mitologico.

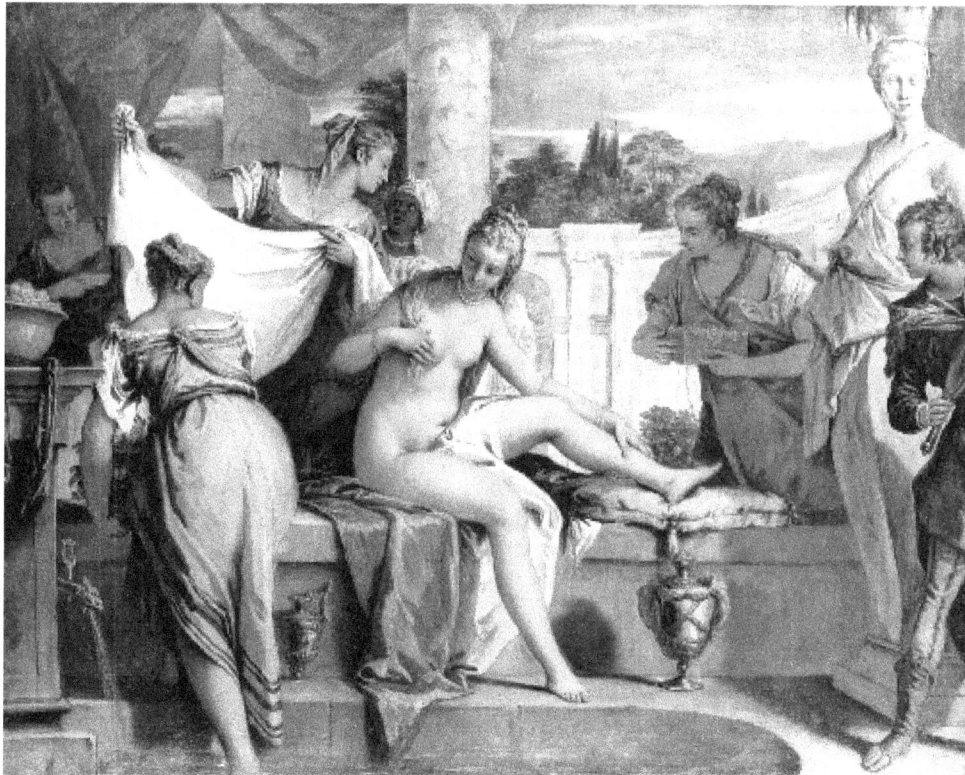

Iniziamo dalla luce: si utilizzano tonalità bianco perlacee e giallo-brune; ciò conferisce alla tela una particolare luminosità. Poi, così come facevano i grandi del cinquecento, specie Tiziano o il Veronese, Ricci usa colori puri per i panneggi. Altra caratteristica da segnalare la location: le figure si dispongono in un contesto al contempo naturale ma anche di magnificenza architettonica ove si ammirano sfarzo di vesti, monili e arredi patrizi.

Anche la presenza di una inserviente di colore accentua l'ambientazione in una casa in cui vive gente facoltosa e agiata. Salta all'occhio anche una predisposizione del pittore verso accurate scenografie, come fossero il frutto, il risultato, di un precedente accurato reportage.

Giuditta e Oloferne, di Artemisia Gentileschi

1620 circa. Olio su tela, cm 162,5 x 199, ubicato nella Sala 81 della Galleria degli Uffizi di Firenze
giovedì 5 dicembre 2013

Solo da poco la vicenda umana di Artemisia Gentileschi è nota al grande pubblico attraverso romanzi e film che ne hanno fatto una figura di grande attualità, quella di una donna capace di prendere in mano la propria esistenza con coraggio, senza scendere a compromessi con la meschinità e l'ipocrisia. La sua vita è segnata dallo scandalo del processo intentato contro Agostino Tassi Buonamici, pittore perugino dal quale è stata violentata.

Figlia d'arte, suo padre è il pittore Orazio Gentileschi, Artemisia assorbe dal genitore la lezione caravaggesca che Orazio è fra i primi a seguire agli inizi del Seicento, accentuandone le componenti realistiche senza nulla risparmiare allo spettatore. Artemisia ha lavorato nelle principali città italiane (Firenze, Roma e Napoli) cui si aggiunge un breve soggiorno inglese dal 1638 al 1639. Muore a Napoli, sua città adottiva. "Giuditta e Oloferne" vede la luce durante il suo soggiorno fiorentino, ove si era rifugiata assieme al padre all'indomani dello scandalo provocato dal processo per stupro a carico di Agostino Tassi.

A Firenze la pittrice soggiorna sei anni circa, dalla fine del 1614 a tutto il 1620. Giuditta, eroina della Bibbia, esempio di virtù e castità, viene rappresentata nell'atto di tagliare la testa del nemico Oloferne, condottiero assiro da lei ingannato con la seduzione pur mantenendo salva la propria purezza. In chiave psicologica alcuni critici contemporanei vi ravvisano il desiderio femminile di rivalsa rispetto alla violenza sessuale subita da parte di Agostino Tassi. Di rilevante c'è, tra l'altro, come rispetto al passo biblico, in cui la serva aspetta fuori e non partecipa all'omicidio, qui invece viene rappresentata complice fattiva, come fosse socia di uno stesso lavoro.

Le braccia sembrano muoversi all'unisono e si frappongono armoniosamente. Anche la diversa estrazione sociale delle due donne è messa in risalto; una, tiene la vittima a distanza, quasi disgustata, non avendo dimestichezza ad esempio nell'uccidere gli animali, l'altra, risoluta e tranquilla, sembra stare facendo un ordinario lavoro quotidiano. Il committente dell'opera fu probabilmente Cosimo II dei Medici; la stessa reca in basso la scritta in latino: Ergo Artemitia Lomi Fec.

La fucina di Vulcano, di Diego Rodriguez de Silva y Velazquez

 Olio su tela, cm 223 x 290. 1630, ubicato al Museo Prado di Madrid
martedì 10 dicembre 2013

Questa grande tela di soggetto mitologico, che mostra Apollo mentre rivela a Vulcano il tradimento della sua sposa Venere con Marte, fu sicuramente dipinta da Velazquez a Roma nel 1630, al tempo del suo primo viaggio in Italia. Il tema classico rappresentato è calato nell'immediatezza di una scena reale: i ciclopi sono ritratti come garzoni di un fabbro ferraio; nei volti degli astanti si leggono sorpresa e stupore, con una gamma di espressioni magistralmente variata. Solo nell'espressione di Vulcano è possibile riconoscere un velo di indignazione.

Nonostante la dimensione di insolita quotidianità dell'ambientazione in una buia fucina, la composizione resta calibrata e armonica, semplice, ma allo stesso tempo di raffinata eleganza. Nella tela di Velazquez, Apollo conserva il suo doppio ruolo di Dio della poesia a cui allude la corona di alloro – e di astro che porta la luce, rappresentata dai raggi che lo incoronano facendone risaltare il netto profilo.

Quale simbolo del sole, Apollo è la luce che svela l'inganno perpetrato da Venere ai danni del marito, mentre, secondo alcuni studiosi, il fatto che egli sfoggi il simbolo della gloria poetica in una fucina e tra gli artigiani alluderebbe alla superiorità dell'idea sul lavoro manuale e quindi alla nobiltà dell'arte e della pittura, al tempo considerate ancora da molti come attività troppo legate alla "vile" tecnica per essere veramente alla pari con le scienze e le discipline del sapere.

Il pittore indugia con grande maestria sulle muscolature dei corpi seminudi, che vengono studiati, come statue classiche, in pose diverse, mentre la luce radente ne evidenzia i volumi. Il ciclope che si piega sulla corazza ha più degli altri la posa di una scultura antica. Velazquez arricchisce la narrazione con splendidi brani di natura morta: gli arnesi del laboratorio e i ferri luccicanti, ma soprattutto il vaso di ceramica bianca con riflessi azzurrini poggiato sul camino.

Madonna di Foligno, di Raffaello Sanzio

1511-1512. Olio su tavola trasportato su tela, cm 301 x 198. Musei Vaticani. Esposto a Milano (Palazzo Marino) fino al 12 Gennaio 2014
martedì 17 dicembre 2013

Il committente dell'opera è con ogni probabilità Sigismondo dé Conti di Foligno, uomo di grande cultura, sensibile e devoto, discendente di una ricca famiglia umbra, braccio destro di Papa Giulio II. Avvolto nel suo abito di cerimonia, un elegante vestito nero con cappa rossa foderata di pelliccia, Sigismondo appare inginocchiato a destra, con le mani giunte in atto di preghiera. Egli conobbe personalmente Raffaello e gli commissionò il dipinto ex voto per grazia ricevuta e l'episodio in questione è descritto sullo sfondo del quadro: su un paese bagnato dalla pioggia (forse Foligno) si sta abbattendo un meteorite o una sorta di fulmine rosastro. L'intervento della Vergine, alla quale evidentemente Conti si era affidato in questa occasione, gli aveva consentito di salvarsi.

Il lieto fine della vicenda è annunciato anche dall'apparizione in lontananza di un bell'arcobaleno, simbolo della ritrovata serenità. Sigismondo tuttavia, già malato, come si evince dal profilo spettrale e dai tratti scavati e minati dal morbo, morirà poco dopo senza aver fatto in tempo a dettare a Raffaello il testo per la targa ex voto che il putto reca in mano e nessuno dei suoi eredi ebbe la presunzione di farlo al posto suo. San Girolamo, in abito cardinalizio, riconoscibile anche per il leone alla sua sinistra che iconograficamente lo simboleggia, sembra introdurlo al cospetto della Madonna che a loro rivolge lo sguardo; fra l'altro il volto di San Girolamo, non è che quello di Papa Giulio II (lo sostiene lo storico dell'arte Frommel).

Oltre alla Madonna col Bambino, collocati in mezzo a un tripudio di angeli, nel dipinto compaiono a sinistra San Giovanni Battista, vestito di pelli di cammelli e San Francesco in estasi. Il dipinto è chiaramente diviso in due parti. In alto è collocata l'apparizione della Vergine con il Bambino che, seduti su un trono di nubi, si stagliano contro la sagoma del disco solare. In basso trova spazio una dimensione più terrena, con il committente, i tre santi e il bellissimo paesaggio sullo sfondo.

I due gruppi sono però tutt'altro che isolati: una fitta rete di gesti e di sguardi infonde alla scena un forte senso di unità, che alla fine coinvolge lo spettatore. San Giovanni Battista e San Francesco fanno da tramite tra noi e il cielo: il primo guarda lo spettatore e indica la Madonna, il secondo, al contrario, indica lo spettatore ma rivolge lo sguardo in alto. Dall'altra parte del dipinto, San Girolamo e Sigismondo dé Conti sono presi dalla visione celeste, ma il primo indica l'evento miracoloso dello sfondo e il secondo costituisce, per sua stessa natura, un legame con la dimensione terrena.

Artemisia, di Harmenszoon Rembrandt van Rijn

1634. Olio su tela, cm 142 x 153. Ubicato al Museo Prado di Madrid
martedì 24 dicembre 2013

La tela rappresenta una figura femminile, sontuosamente vestita di abiti quasi dorati, raffigurata nell'atto di ricevere da un'ancella una preziosa coppa. La nobile dama potrebbe rappresentare la regina cartaginese Sofonisba, la quale, per evitare di cadere in mano agli odiati nemici romani, si era tolta la vita con il veleno fattole pervenire dal marito. Sulla lettura del tema si è proposta però un'altra ipotesi – oggi maggiormente condivisa – secondo la quale la donna potrebbe essere Artemisia, regina di Pergamo.

Come racconta lo storico romano Valerio Massimo, Artemisia, rimasta vedova di Mausolo, aveva sentito talmente la mancanza del marito che non solo gli aveva eretto un grandioso monumento funebre, detto appunto Mausoleo, ma aveva voluto anche ricongiungersi a lui bevendone le ceneri: nel quadro, la regina sarebbe dunque raffigurata nell'atto di ricevere la coppa con le ceneri. Ambedue queste identificazioni si adattano alla sensazione dell'incombere della morte, all'atmosfera lugubre e carica di presagi del dipinto, accresciuta dalla presenza di una vecchia che emerge dall'ombra.

Qualunque sia, comunque, l'identità della donna raffigurata, senz'altro il dipinto celebra un'eroina di grande temperamento, animata da un'incrollabile fede coniugale: per questo si è ipotizzato che nel volto della figura si celi un ritratto di Saskia, la giovane moglie del pittore. Il volto della grandiosa figura è modellato con forza da una luce calda e dorata che riesce ad esaltare la sontuosità delle stoffe e i preziosi metalli lavorati della coppa oltre a

145

fare risplendere la bionda chioma della regina.

Il nitore della pelle appare ancor più evidente accanto alla sfarzosa veste ricamata. Altro evidente contrasto si rileva dalle tonalità intense e dorate del primo piano in conflitto con l'inquietante penombra del fondo (ove si ravvisa una pittura progressivamente più sciolta e una pennellata rapida).

Gabrielle d'Estrées e sua sorella. Scuola di Fontainebleau

1595. cm 96 x 125. Museo del Louvre.
mercoledì 1 gennaio 2014

Il dipinto immortala la bionda Gabrielle d'Estrées e la bruna duchessa di Villars, sua sorella, entrambe a seno nudo. Come si concilia questa posa, abbastanza osé, per non dire erotica, negli ambienti francesi del XVI secolo? Le due, fra l'altro, non sono donnine allegre avvezze al mestiere, ma sono nobildonne figlie di un marchese e nipoti di un conte. Per cercare di dare una spiegazione dobbiamo prima parlare della cosiddetta Scuola di Fontainebleau sorta nel 1530, quel movimento artistico creato dal mecenatismo dell'allora re di Francia Francesco I.

Il desiderio del re era quello di creare a corte quel clima di raffinatezza, di ambiente colto che potesse rinverdire i fasti del Rinascimento. Uno stile che combinava scultura, pittura, decorazione, stucchi, cura dei giardini. Del movimento fecero parte tra gli altri Rosso Fiorentino, Benvenuto Cellini, Luca Penni, Francesco Primaticcio e tanti anonimi artisti francesi. In siffatto ambiente artistico ben presto venne codificato il mito della nobildonna svestita perché accostata a quello della ninfa della fonte (spesso rappresentata dagli artisti francesi del XVI secolo).

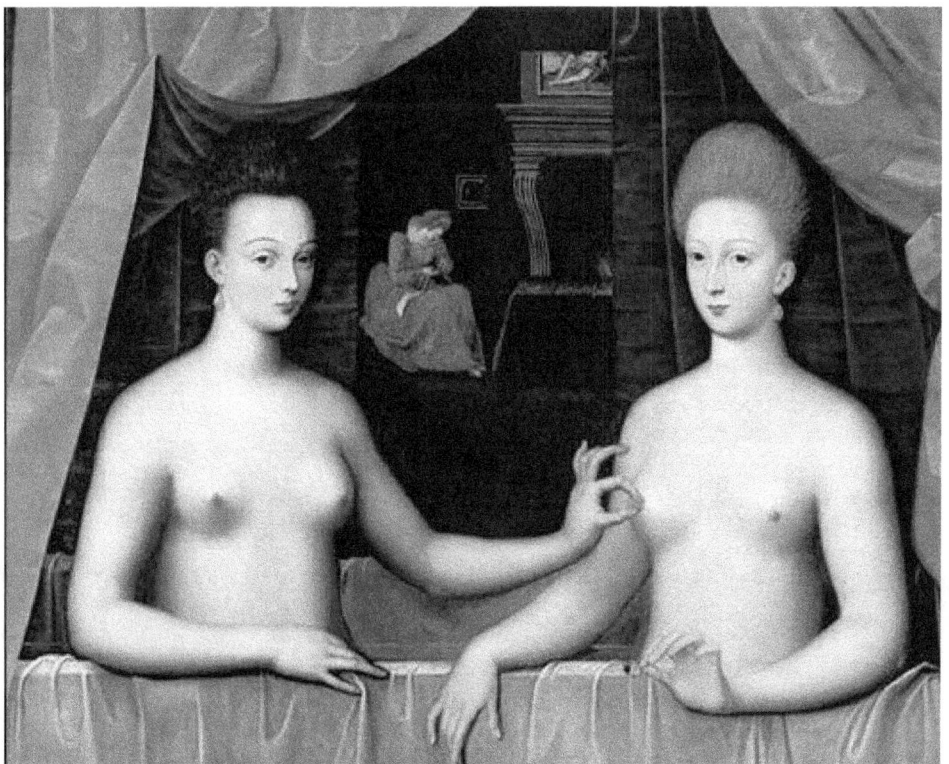

147

La fonte è quella del Jardin des Pins nei pressi del palazzo di Fontainebleau, che dava il nome al movimento. Le due sorelle, difatti, sono immerse in una sorta di vasca da bagno; ma colpisce più che i topless o lo sguardo ammiccante della bruna verso lo spettatore, il "pizzicotto" sul capezzolo di Gabrielle, notoriamente l'amante ufficiale del re di turno Enrico IV. Cosa nasconde questo gesto? Anche qui bisogna fare un passo indietro. Il re Enrico IV, sposato alla sterile Margherita, non riusciva a dare a sé stesso e alla nazione un erede (si usciva dalle guerre di religione e la Francia aveva bisogno oltre che di pace anche della sicurezza di una discendenza reale).

Tombeur de femmes, fece colpo sulla giovanissima Gabrielle e la sorella in vasca ci vuol dire, toccandole il seno (simbolo di maternità), che presto ella diventerà madre e genererà l'erede al trono; presto sostituirà la futura esiliata regina Margherita (il matrimonio verrà annullato su intercessione di Papa Clemente VIII), ella infatti reca tra le dita un anello matrimoniale.

San Giorgio uccide il drago, di Paris Bordone

1525. Olio su tavola, cm 290 x 129. Pinacoteca Vaticana.
martedì 7 gennaio 2014

Nei pressi della città libica di Silene, esisteva uno stagno abitato da un terribile drago, per placare la cui fame gli abitanti del luogo offrivano quotidianamente due pecore. Ma il mostro pretese un giorno carne umana. Quando la sorte stabilì che dovesse essere la figlia del re ad affrontare il sacrificio, Giorgio di Lydda, un soldato, aggredì il drago e lo ferì, trafiggendolo con la lancia.

Condusse quindi l'animale in città e lo uccise solo dopo che gli abitanti ebbero accettato di convertirsi al cristianesimo. Non tutti però tennero fede al giuramento e qualche anno dopo i pochi pagani rimasti condannarono a morte il coraggioso guerriero.

Il primo piano della scena è interamente dedicato a San Giorgio. Trafitto il mostro con la lancia, il santo sta per colpirlo con la spada, ma nulla in lui, né la posa né l'espressione, lasciano trapelare un sentimento particolare o lo sforzo che l'impresa richiede. Benché il cavallo sia impennato, il pittore ha bloccato l'azione per consentire allo spettatore di ammirare il guerriero in tutta la sua eroica eleganza: notare la sella rosa accesa, le fini bardature del cavallo e la bella armatura coi suoi riflessi luminosi. Notare altresì la sottile aureola, quasi una predestinazione di santità per il cavaliere.

Anche la principessa è descritta come un personaggio imperturbabile, inespressiva mentre volge le spalle alla cruenta scena. I brandelli di corpi e teschi sparsi qua e là danno l'idea della fine orribile cui è scampata la giovine. Quanto al paesaggio sullo sfondo colpisce la presenza di una chie-

149

sa in una città, Silene, che è pagana; probabile il riferimento alla futura conversione della città al cristianesimo oppure il riferimento è semplicemente a quella chiesa parrocchiale veneta cui la pala era destinata.

Fanciulla assopita, di Jan Vermeer

1652 circa. Olio su tela, cm 87,6 x 76,5. Metropolitan Museum New York.
martedì 14 gennaio 2014

Il quadro illustra l'interno di una casa borghese. La tavola, coperta da un tappeto orientale con un bordo rialzato in un angolo, è apparecchiata con una brocca, un piatto di frutti, un bicchiere di vino e vasellame vario. Sulla destra, una porta semiaperta fa intravedere un corridoio luminoso sul quale si apre una seconda porta che ci introduce in un'altra stanza, anche questa illuminata, arredata con un tavolo, uno specchio e con una finestra solo in parte visibile.

La giovane donna, colta da sopore, appoggia il gomito sulla tavola e la testa sulla mano. Immediatamente, tenuto conto del rossore delle guance, del colletto malamente abbottonato e della presenza del bicchiere di vino accanto a lei, si è propensi a determinare che il sonno sia causato dall'ebbrezza. Oppure, in maniera più arzigogolata, si potrebbe ravvisare l'intenzione del pittore di rappresentare l'accidia, raffigurata nella fanciulla dormiente, centro di attrazione di molti altri vizi, simboleggiati dai vari oggetti rappresentati (in primis il vino, lo specchio come sinonimo di vanità o i frutti che rimandano a Venere e dunque alla lussuria).

Resta, indipendentemente dalla motivazione, più veristica o più metaforica, che ha indotto Vermeer a siffatto soggetto, la straordinaria vitalità delle figure e degli oggetti, ritratti con impassibile sguardo. In questo dipinto la profondità è evidenziata dal gioco degli stipiti e delle cornici che si intravedono attraverso la porta semiaperta. La linea dell'orizzonte, piuttosto alta, obbliga l'osservatore ad abbassare lo sguardo per guardare la ragazza, creando un effetto insolito che accentua il sapore malinconico dell'opera.

151

La fanciulla indossa un prezioso vestito di seta, dai bellissimi riflessi ramati. Gli orecchini sono due pendenti con grosse perle. Un' ulteriore lettura iconografica proposta per questo dipinto, può ravvisare nella giovane donna una semplice cameriera colta dal sonno. Il ricco abbigliamento indica che la ragazza vive al di sopra delle proprie possibilità, un comportamento considerato biasimevole e più di una volta trattato nella pittura a sfondo morale.

Donna nuda seduta, di Pierre-Auguste Renoir

1876. Olio su tela, cm 92 x 73. Museo Pushkin di Mosca
martedì 21 gennaio 2014

La figura femminile è uno dei temi preferiti da Renoir. Dall'inizio fino alla fine della sua carriera egli ha rappresentato donne in ogni tipo di attitudine. La donna, colta nella sua semplice quotidianità, era d'altra parte uno dei temi preferiti del gruppo impressionista. Il pittore, originario di Limoges, durante i primi anni parigini si manteneva decorando porcellane. Questa impostazione artigianale rimarrà sempre nella sua pittura, caratterizzata da un approccio molto analitico, quasi da miniaturista.

Dopo un primo esordio con gli impressionisti, caratterizzato soprattutto da un intenso sodalizio con Monet, già negli anni Ottanta Renoir si allontanò dal gruppo, rifiutandosi di partecipare alle ultime esposizioni e preferendo esporre ai Salon ufficiali. Duplice la motivazione, in primis la possibilità di guadagnare di più con la vendita diretta dei suoi quadri ai Salon ma anche per una sopravvenuta crisi espressiva che lo portò lentamente a rifiutare alcuni aspetti della tecnica impressionista. Il pittore difatti dovette prendere atto della sua impossibilità a far meno di quei valori plastici strettamente legati alla tradizione figurativa occidentale. In particolare, la rappresentazione del nudo ne era una delle rappresentazioni più autentiche.

La "Donna Nuda Seduta" si presente anatomicamente ben definita e saldamente sostenuta dall'ampio bacino, senza alcuna rinuncia alla definizione del volume della figura. Di rilievo c'è la tecnica pittorica: l'uso di macchie di colore per rendere maggiormente il senso della superficie e della luce; i colori non sono mai fusi insieme ma stesi puri sulla tavolozza e accostati attraverso pennellate rotte e veloci. Se da vicino la pelle delle donne di Renoir può sembrare un ammasso di macchie, guardata a una distanza corretta appare molto naturale. La pelle della donna è candida, madreperlacea e la delicatezza quasi di porcellana del viso fa risaltare le labbra e le guance rosse.

Giocatori di Carte, di Paul Cézanne

1892 circa. Olio su tela, cm 65,4 x 81,9. Metropolitan Museum New York
martedì 28 gennaio 2014

Nei "Giocatori di Carte" Cézanne rappresenta figure di popolani e campagnoli, forse personaggi che egli stesso aveva conosciuto e frequentato durante la sua infanzia ad Aix-en-Provence, lontani dalla buona borghesia parigina e dai salotti culturali e mondani. Risalta subito la serietà con cui i giocatori sono completamente assorbiti nella loro occupazione. Due giocatori sono ritratti di profilo; perfetta è la loro simmetria rispetto all'asse centrale, costituito dal terzo giocatore di prospetto.

Frequente poi nei quadri di Cézanne è la figura di una persona in piedi, in questo caso l'uomo sulla sinistra che osserva la partita con le braccia incrociate; egli, braccia conserte e con la pipa in bocca, osserva compiaciuto la partita a carte che si svolge sotto i suoi occhi e sembra quasi avere in mente una mossa che si trattiene a stento dal suggerire. E' una figura dal forte richiamo realistico perché la si può ricondurre al tipico frequentatore delle osterie di paese. Da notare anche la semplicità della sedia del giocatore di sinistra, oggetti dai volumi robusti e saldi come il massiccio tavolo bianco e un senso di profondità abbastanza naturalistico.

Il colore, in genere, è steso con pennellate sottili ma laddove ci sono zone riempite di colore più che altrove si ha un effetto "movimento" dovuto ai differenti passaggi di tono delle pennellate, disomogenee tra loro e dunque molto "in coming". Potrebbe trattarsi di una scena ripresa dal vero da Cézanne, ma la maggior parte dei critici non propendono per questa ipotesi per almeno due motivi: 1) il rinvenimento di numerosi disegni preparatori per questo dipinto; 2) il pittore era estremamente lento nell'esecuzione delle sue opere, tanto che spesso le abbandonava per qualche tempo per poi finirle in un secondo momento.

Ragazza col Turbante, meglio nota come "La Ragazza con l'orecchino di perla", di Jan Vermeer

1665-1666. Olio su tela, cm 44,5 x 39. Mauritshuis dell'Aia.
martedì 4 febbraio 2014

Come "La Gioconda" di Leonardo da Vinci, anche il volto de "La Ragazza con l'orecchino di perle" continua a stregare quanti hanno in sorte di poterla ammirare dal vero. Un volto che evoca bellezza, mistero, fantasia. Nel 2003 è diventata anche un film, candidato a tre Oscar, con nel cast Scarlett Johansson e Colin Firth. Trattasi di un ritratto in costume, il cosiddetto "tronie", ovvero un quadro ove il/la modello/a indossa abiti che richiamano periodi di storia antica, già vissuta, al fine di raffigurare personaggi storici realmente esistiti o anche biblici.

Vestito color oro, che fa pendant con la fascia dorata; turbante azzurro e orecchino che sembra riflettere luce. Questi gli elementi di primo impatto oltre al rosso intenso delle labbra, la luce che sembra anche riflettersi sul vestito e gli occhi particolarmente espressivi. Nessun indizio tuttavia che rimandi a un nome preciso del passato, ma che importa; la straordinaria forza del dipinto sta nella posizione della donna, nella torsione a tre quarti che ne accentua la lascività dello sguardo, la forza espressiva generale di impatto immediato. Sapiente è l'uso delle sfumature, i giochi di luce accentuati dallo sfondo totalmente nero che non fa altro che risaltare il roseo dell'incarnato e produrre finanche accenni di trasparenze.

Ella ha un'espressione ammaliante, carica di un innocente erotismo; quanto all'orecchino, che occupa nel dipinto un ruolo centrale, tale da essersi nel tempo sostituito al turbante come elemento identificativo ed immediatamente riconoscibile del quadro, esso è di grandi dimensione ed a forma di goccia; una rarità per quei tempi, fra l'altro appannaggio solo dell'alta aristocrazia e dunque improbabile per la ragazza del dipinto che appare di modeste condizioni economiche. La Ragazza con l'orecchino di perla è stata soprannominata "La Monna Lisa Olandese".

La Persistenza della Memoria ("Orologi Molli"), di Salvador Dalì

1931. Olio su tela, cm 24 x 33. Museum of Modern Art di New York
martedì 11 febbraio 2014

Dalì, come Freud, suo contemporaneo, forse fu tra i pochi a guardarsi davvero dentro e ad estrinsecare la parte onirica che sta dentro di noi. Come in un sogno, che solo all'apparenza è privo di significato, ecco dispiegarsi la scena ove insiste la rappresentazione del massimo esponente dei surrealisti. L'ambientazione è su una spiaggia, probabilmente catalana. Non c'è nessuno, la sabbia assomiglia al deserto e i protagonisti invece di essere persone sono orologi per giunta molli quasi liquefatti.

La riflessione che Dalì ci induce a fare dunque è sul tempo e sulla relatività di esso. Il primo concetto chiave è che anche il semplice istante trascorre così velocemente che gli oggetti si modificano già sotto il nostro sguardo; non solo, ma il tempo non trascorre uguale per tutti, il trascorrere del tempo varia a seconda del nostro stato d'animo, ecco spiegata la deformità degli orologi che si modificano al cospetto dei singoli stati d'animo.

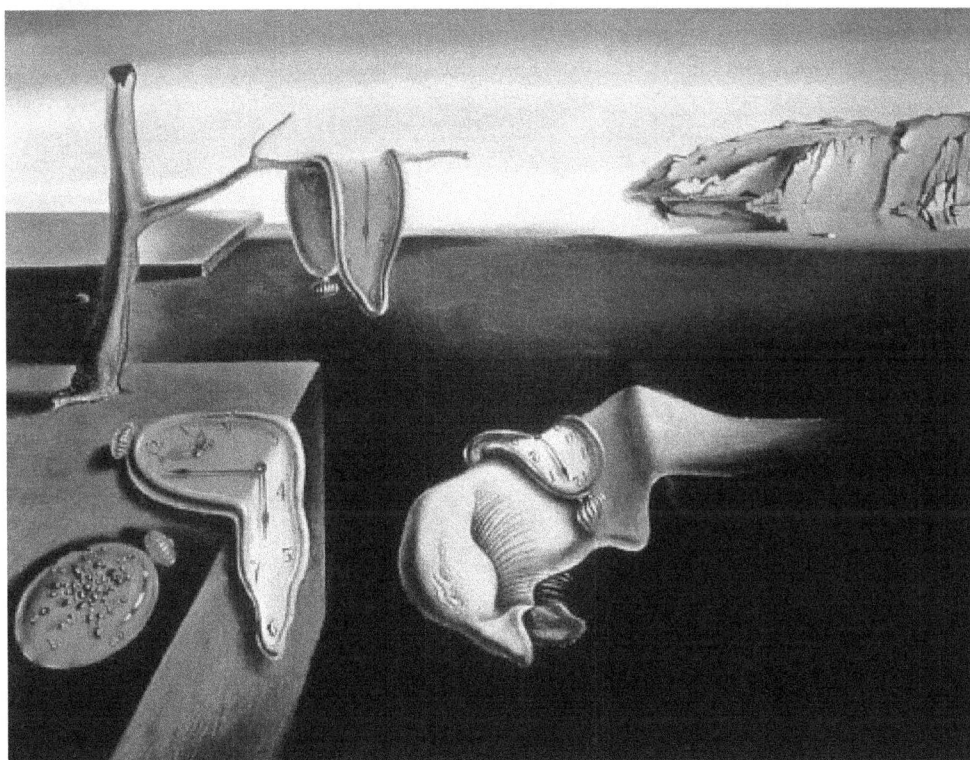

Talvolta, se si è impazienti, il tempo sembra essersi arrestato, come se avesse interrotto il suo incedere: pensate ai minuti di recupero di un importante incontro di calcio con la vostra squadra del cuore in vantaggio; pensate invece di stare trascorrendo dei momenti in compagnia della donna desiderata, il tempo è volato e non ve ne siete accorti. Oliver Newton parlava di concetto di "tempo assoluto", Albert Einstein, lo demolì e Salvador Dalì, pare ne fosse assolutamente d'accordo.

I colori utilizzati sono sia quelli caldi che quelli freddi: la presenza dei toni scuri si rende necessaria per meglio evidenziare le ombre generate dall'intensa luce che proviene frontalmente.

La Torre di Babele, di Pieter Bruegel il Vecchio

1563. Olio su tavola, cm 114 x 155. Kunsthistorisches Museum Vienna
martedì 18 febbraio 2014

Bruegel, in questo dipinto, intende rendere esplicito il significato dell'episodio biblico cui il titolo fa riferimento; egli concepisce il quadro come un'allegoria della superbia umana e del carattere fallimentare di ogni impresa tentata dall'uomo senza tener conto del volere di Dio. L'imponente costruzione, vista a volo d'uccello e che quasi schiaccia con la propria mole la città circostante, a prima vista sembra estremamente solida, con la sua sproposi-tata base fondata su grandi massi; a una più attenta osservazione, però, si nota che la struttura è assurda e non realizzabile, come se mancasse qualsiasi progetto logico.

Il pittore si ispirò per la sua torre all'architettura del Colosseo, luogo della morte di molti martiri cristiani e dunque simbolo perfetto della super-bia e della sfida a Dio degli imperatori romani; la rielaborò, però, in termini del tutto fantastici. Le alte gallerie a volte portano tutte verso il centro dell'edificio, dove si alza una struttura cilindrica che non sembra avere una funzione precisa. Una serie sovrapposta di ter-razze orizzontali sono sostenute da contrafforti verticali; una struttura dun-que verticale-oriz-zontale, sfasata tuttavia rispetto alle gallerie interne. Il risultato è che il guscio esterno sembra incompatibile con l'interno, quanto meno dal punto di vista strutturale.

Dunque, se a prima vista la torre investe lo spettatore con solennità ed apparente robu-stezza pian piano però si rivela illogica e impossibile, frutto distorto della superbia degli uo-mini che inutilmente si affannano attorno ad essa (sulla collinetta a sinistra in primo piano). Il tema illustrato è un episodio della Bibbia successivo al Diluvio Universale. Viene narrato nella Genesi (11,1-9) come gli uomini, che di nuovo si erano moltiplicati e parlavano la stessa lingua, si fossero stabiliti nella pianura di Sennaar, in Mesopotamia. Qui vollero co-

161

struire una città in cui vivere tutti assieme e una torre tanto alta da toccare il cielo. Per la loro superbia Dio li punì, trasformando il loro idioma in infiniti linguaggi diversi affinché non si capissero più tra loro. L'umanità si disperse così sulla terra e la torre non fu mai completata.

Vespri Siciliani, di Domenico Morelli

1859-60, cm 264 x 185, olio su tela, Museo Capodimonte di Napoli
martedì 4 marzo 2014

Grande fu il successo al Teatro San Carlo di Napoli nel 1856 delle rappresentazioni dell'opera verdiana "I Vespri Siciliani". Terminata nel 1855 era stata rappresentata per la prima volta, in francese, all'Opera di Parigi, poi anche in italiano al Regio di Parma e dopo anche a Napoli. Per limitarne i possibili effetti "patriottici", oltre alle location ne fu modificato il titolo.

A Napoli venne rappresentata con l'improbabile intestazione di "Batilde di Turenna". Ciò

non impedì di infiammare gli animi partenopei e il pittore locale Domenico Morelli ne volle rappresentare un particolare: tre giovani donne si divincolano dagli oltraggi perpetrati dall'esercito angioino e fuggono.

Sullo sfondo i combattimenti e gli scempi francesi e in primo piano l'audacia e il vigore delle fanciulle che, rappresentate come colpite da un profondo turbamento, sono colte in movenze teatrali, giusto per esaltare l'amore del maestro Verdi per il teatro e quello del Morelli per la musica operistica. Morelli, che fu anche senatore della Repubblica nella XVI legislatura, non è accostato a un particolare stile pittorico ben definito, in quanto seppe accomunare il verismo e il tardo-romanticismo.

Le sue tele intrise di effetti drammatici, sono al contempo ricche di qualità coloristiche che talvolta conferiscono ai suoi lavori i connotati tipici dei dipinti mistici e religiosi al limite dell'iconocla-

163

stia. Morelli fu, negli anni sessanta dell'ottocento, consulente del Museo Capodimonte di Napoli (ove è conservata questa sua opera) contribuendo all'acquisizione di numerose tele di valore. Morì nel 1901, lo stesso anno in cui spirò anche Giuseppe Verdi.

Jeunes filles au piano, di Pierre Auguste Renoir

1892, olio su tela, cm 116 x 90, Museo d'Orsay Parigi
martedì 11 marzo 2014

Primo dipinto di Renoir entrato a far parte di una collezione pubblica (fu acquistato dal Museo del Lussemburgo prima ancora di far parte dell'Orsay parigino), ritrae Julie, la figlia della pittrice impressionista Berthe Morisot, amica di Renoir, che spesso gli fece da modella, impegnata nelle prime rudimentali esecuzioni al pianoforte, coadiuvata da un'amica. Lo sfondo è quello di una casa borghese. Dello stesso dipinto esistono altre due versioni, uno è custodito al Metropolitan Museum of Art di New York e l'altro al Musée de l'Orangerie di Parigi.

Disegno deciso ma al contempo delicato, definisce chiaramente le due figure, una, seduta, dai capelli color biondo vestita di bianco con nastrini celesti, l'altra, in piedi, dai capelli castano chiari di rosarancio e bianco vestita, collocandole pur tuttavia in un mondo ideale, ove campeggiano tende, strumenti musicali, reggi candele, spartiti vari, vasi di fiori e letti enormi, in cui spiccano queste due leggiadre ragazze, che sembrano staccarsi dal resto del quadro.

Delicato e morbido il cromatismo delle giovani in primo piano grazie al quale il pittore riesce a creare un clima di intimità familiare oltre che rappresentarne un istante fuggevole. Una, dicevamo, è seduta e suona con la mano destra mentre con la sinistra tiene lo spartito, l'altra è leggermente piegata verso lo strumento a seguire l'andamento delle note, il tutto immerso nella luce, di un colore rosa-dorato, capace di avvolgere le due ragazze e di conferire alla scena appunto quell'intimità tale da far venire allo spettatore finanche la curiosità di conoscere il tipo di musica che stanno suonando. Renoir vuole essere testimone dei suoi tempi e dei suoi stili di vita e pertanto celebra ed evoca l'interno di un sobrio ambiente borghese parigino.

165

Col volto reclinato sulla sinistra / Orazio Leotta

L'orchestra dell'Opéra, di Edgar Degas

1869. Olio su tela, cm 56,5 x 46,2. Museo d'Orsay di Parigi
martedì 18 marzo 2014

Alla fine degli anni sessanta dell'Ottocento Degas cominciò ad aggirarsi dietro le quinte dell'Opéra di Parigi dove scoprì motivi e soggetti nuovi per la propria arte. Visitò le classi dove il maestro di ballo addestrava le ragazzine alla dura arte della danza, studiando accuratamente le torsioni dei loro corpi. Diventò amico di un musicista dell'orchestra, Desiré Dihau, e ne inserì il suo ritratto in alcuni fra i suoi dipinti, in cui, insolitamente la scena fa da sfondo, mentre i musicisti e i loro strumenti sono in primo piano, come in questo caso.

Degas si orienta verso una nuova concezione della pittura, non più tesa a rappresentare l'antichità, ma l'eroismo quotidiano della vita moderna, così come decantato da Baudelaire, che soleva dire: "il pittore, il vero pittore, sarà colui che riuscirà a carpire alla vita attuale il suo lato epico". Il presente di Degas era Parigi coi suoi caffè, ippodromi, boulevards e soprattutto teatri cosicché egli, con straordinario acume ed interesse, si dimena attraverso questi ambienti. "L'orchestra dell'Opéra" è una composizione originalissima, articolata in due zone orizzontali autonome: Dihau e gli altri suonatori, in primo piano, sono in penombra, mentre la ballerine, illuminate violentemente (sembrano fantasmi) dalle luci della ribalta appaiono come il centro di una messa a fuoco fotografica e

fra l'altro sono tagliate dal bordo superiore della tela.

Il punto di vista dal basso dà al dipinto un'angolatura inconsueta, che offre una visione insolita della vita teatrale: protagonisti del quadro sono i suonatori di un'orchestra solitamente non visibile, che nascondono la scena dove si svolge il vero spettacolo. Le gambe e le gonne illuminate delle ballerine formano un acceso e vivace contrasto cromatico con il gruppo dei musicisti, proiettando la luce del palcoscenico contro il pubblico buio. Desiré Dihau, il musicista amico di Degas, è qui raffigurato in primo piano mentre suona il fagotto.

La Morte di Cleopatra, di Guido Cagnacci

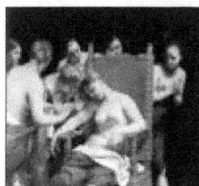

1659-1663. Olio su tela, cm 140 x 159,5 ubicato al Kunsthistorisches Museum di Vienna

martedì 25 marzo 2014

Guido Cagnacci fu uno dei più geniali artisti del Seicento, per la carica emotiva delle sue figure e per la loro bellezza languida e struggente sempre in bilico tra peccato e ed estasi, felicità e morte. Seguace di Guido Reni, del Guercino ed anche del Caravaggio, in questo suo quadro, dà prova di abilità soprattutto per la morbida luce, i sapienti chiaroscuri e i colori trasparenti che rendono l'epidermide delle fanciulle rappresentate assolutamente verosimili.

Cagnacci, difatti, si era guadagnato la fama di essere il miglior autore dei cosiddetti "quadri di stanza" coi quali era solito celebrare il tema della figura femminile in chiave sensuale: sia che fossero sante o eroine della storia vi compaiono, infatti, in una sorta di estatico abbandono al proprio destino, esibendo incarnati di madreperla e volti concentrati nel tormento delle proprie passioni.

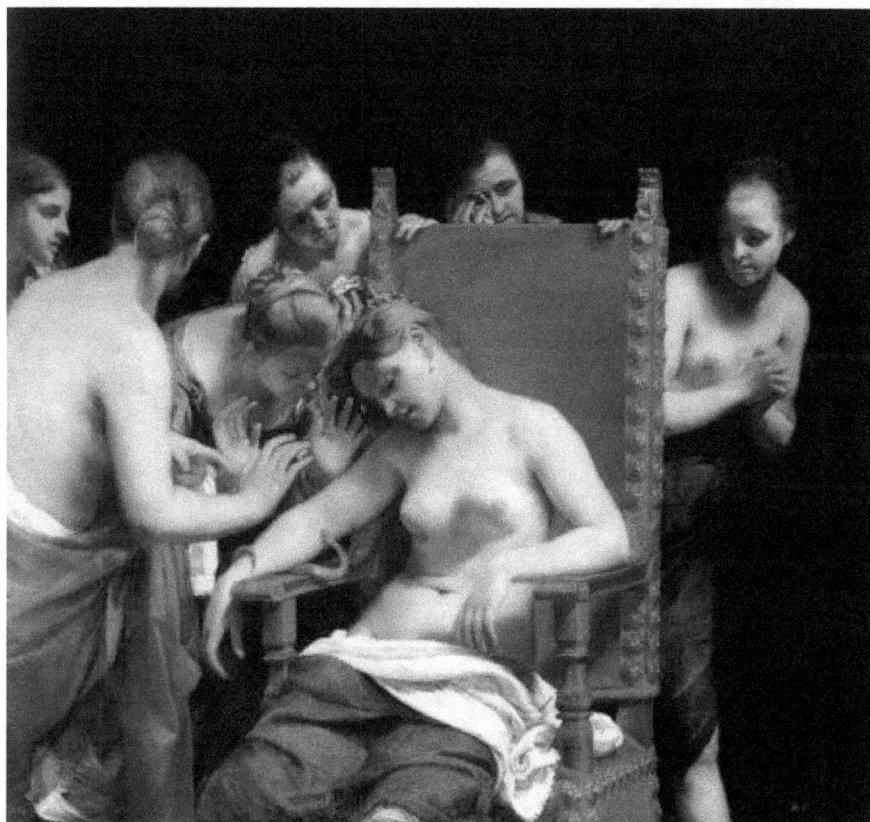

Nel quadro, con il corpo generosamente messo in risalto, Cleopatra si offre all'osservatore nel momento in cui il veleno dell'aspide comincia a sortire il suo effetto mortale: la regina ha il viso sereno, la corona regale sui capelli chiari, gli orecchini di perle, la camicia e la veste appoggiate sulle gambe; languidamente appoggiata su una sontuosa poltrona, è su di lei che converge il racconto, mentre sei giovani ancelle, anch'esse generosamente scoperte, si affannano attorno alla loro padrona con intensa e partecipata amorevolezza, incredule e tormentate per la tragedia che si sta consumando.

Notare l'enfasi drammatica dei gesti, la sofferta partecipazione e il coinvolgimento emotivo che anima il gruppo delle ancelle. Le tre ancelle dietro la sedia costituiscono un monito alla caducità e alla vanità del mondo: esse mostrano ben visibili sui volti i segni del tempo.

Il tutto anche per porre in maggiore risalto la languida e morbida bellezza di Cleopatra. Molto studiata è la gestualità delle mani delle figure; delicatamente abbandonate quelle di Cleopatra, alzate con i palmi rivolti verso l'eroina o protese ma incerte se toccarle il braccio, su cui è ancora avvolto il serpente, quelle delle ancelle in primo piano.

L'Aurora (L'Aurore), di Paul Delvaux

1937. Olio su tela, cm 120 x 150,5. Collezione Peggy Guggenheim, Venezia

martedì 1 aprile 2014

Così scrive Peggy Guggenheim nella sua autobiografia a proposito del quadro di questa settimana: "L'Aurora raffigura quattro donne che spuntano dagli alberi e che al posto delle gambe hanno la corteccia. Le donne sono sempre le stesse, poiché il modello di Delvaux era la moglie che lui adorava. E' strano come possa apparire differente secondo i diversi punti di vista". Ci troviamo pertanto di fronte a un modello unico, o variato con poche modifiche, che Delvaux riproduce quasi come un'ossessione, a raccontare i suoi sogni o i suoi

desideri.

L'immagine conduce a una declinazione macabra dell'erotismo , con la donna idealmente fatta a pezzi nello specchio, l'altra che fugge, il drappo bianco nel secondo piano a sinistra che allude forse a un corpo nascosto, quasi che si trattasse di un delitto. Ugualmente enigmatici sono i gesti delle donne-albero, eloquenti quanto riferiti a una realtà incomprensibile. Un filone, quello di Delvaux, fantastico e surreale che possiamo accostare alla pittura degli altri fiamminghi Bosch, Bruegel e a Khnopff. Le quattro donne-albero sono orientate ciascuna in una direzione diversa: danno pertanto l'impressione di non essere delle compagne ma di esprimere un senso di solitudine.

Sono ritratte nella luce irreale dell'aurora (ma potrebbe trattarsi anche di un crepuscolo) e l'atmosfera appare indefinibile e straniata. Seminude, si raccolgono attorno al basamento di una colonna che reca uno specchio su cui è riflessa l'immagine di una quinta presenza femminile, evidentemente fuori dal quadro. Specchio che costituisce l'elemento enigmatico del quadro: ne complica e ne raddoppia la visione e diventa la chiave, il linguaggio per entrare in altre realtà, spesso inquietanti.

L'osservatore infatti ne è disorientato, costretto a condividere lo spazio in cui si trova con la "presenza" ritratta nello specchio. Non solo, ma lo specchio serve anche per ribaltare le coordinate interne giacché riproduce una donna che è collocata sotto il piano orizzontale del quadro. Insolite e prive di immediata congruenza la presenza delle edere che ricoprono gli archi e la base della colonna in primo piano, per non parlare dell'uomo, vestito di nero in fondo al dipinto a destra.

Il farmacista, di Pietro Falca detto Pietro Longhi

1752. Olio su tela, cm 60 x 48. Gallerie dell'Accademia, Venezia.
martedì 8 aprile 2014

"Vezzosa giovanetta un morbo assale, che rauca rende la parola e il canto, l'esamina un perito e scrive intanto, medica penna la ricetta al male". Questa didascalia che si può rinvenire in calce a un'incisione settecentesca che riproduce questo dipinto descrive efficacemente il soggetto del nostro quadro della settimana. L'autore è Pietro Longhi, uno degli interpreti del cosiddetto "secondo manierismo", il cui occhio perspicace si volse verso la vita veneziana dell'epoca, sia quella aristocratica che quella popolare.

Numerose infatti sono le tele dell'artista che riproducono l' atmosfera operosa di bottega, quella galante dei ritrovi mondani, dei salotti patrizi, dei teatri o dei locali alla moda. La produzione "longhitana" è celebre anche per la grande maestria con cui l'artefice riesce a fondere la resa psicologica dei personaggi con la grazia quasi rococò del colore, tipica del secondo manierismo. L'artista pone grande cura nella descrizione dell'ambiente della bottega ove notiamo luce tranquilla in primo piano e penombre ai lati; i colori sembrano quasi come velati da cipria.

Sugli scaffali sono ordinatamente allineati grandi barattoli di ceramica, alle pareti stanno appesi enormi clisteri e sul pavimento, al centro della stanza, troneggia una pianta, probabilmente un'aloe, dalle cui foglie si ricava una sostanza gelatinosa, ancora oggi rinomata per le sue qualità terapeutiche.

Fra gli astanti notiamo un prelato: Longhi era solito inserire nei suoi quadri la figura di un religioso, quasi sempre con allusioni licenziose, come ad esempio ne "La tentazione" in cui un giovane frate sbircia nel generoso scollo di una dama o ne "Il Concerto" in cui alcuni prelati giocano a carte. Questo non accade ne "Il farmacista", in cui l'abate sembra soltanto attendere il proprio turno e interessato alla ricetta che tiene tra le mani.

Bambina sulla palla, di Pablo Picasso

1905. Olio su tela, cm 147 x 95. Museo Pushkin di Mosca.
martedì 15 aprile 2014

Gli artisti, nei primi anni del Novecento, erano attratti dal mondo del circo. A Parigi, almeno una volta alla settimana si trovavano tutti al Circo Medrano e si sentivano fieri di potersi mescolare ai prestigiatori, ai cavalli e ai cavallerizzi. Gli artisti, così come i saltimbanchi girovaghi, si collocavano ai margini della società borghese e per questo amavano identificarsi con il circo e la sua gente.

In questo atteggiamento possiamo dire che il pittore era in buona compagnia. Il 1905 è l'anno che, nell'arte di Picasso, segna la comparsa delle varietà cromatiche del rosa. Sul finire del cosiddetto "periodo blu", dalle tinte fredde si cominciano ad affacciare tonalità più calde. Cambiano anche i soggetti: ai poveri mendicanti, al mondo dei derelitti, si succedono saltimbanchi, giocolieri e acrobati. Sono soggetti trattati spesso con malinconia, ma non c'è più la desolazione che dominava nelle opere precedenti.

Le figure non emergono più da un fondale piatto e anonimo, che sottolineava il loro straniamento e la loro solitudine; con la ricomparsa del paesaggio si recupera la tridimensionalità della tela, mentre le figure riacquistano spessore e concretezza. Questo non significa che ci sia un ritorno alle concezioni della pittura accademica, ma nelle nuove composizioni domina un senso di recuperata armonia. Il quadro è altrimenti noto col titolo di "Acrobata e giovane equilibrista".

Pietà, di Giovanni Bellini

1460 circa. Tempera su tavola, cm 86 x 102. Pinacoteca di Brera, Milano. martedì 22 aprile 2014

Giovanni Bellini si avvia alla professione di pittore muovendosi in un ambiente già ricco di maestri del pennello. Infatti egli è figlio di Jacopo Bellini, fratello di Gentile e cognato di Andrea Mantegna (che aveva sposato Nicosia Bellini). Ne la "Pietà" intanto occorre soffermarsi sull'elemento del parapetto: esso , simil marmoreo, è inserito in primo piano e costituisce al contempo sia l'elemento di separazione che di comunicazione tra la dimensione pittorica e quella reale, alla quale appartiene lo spettatore.

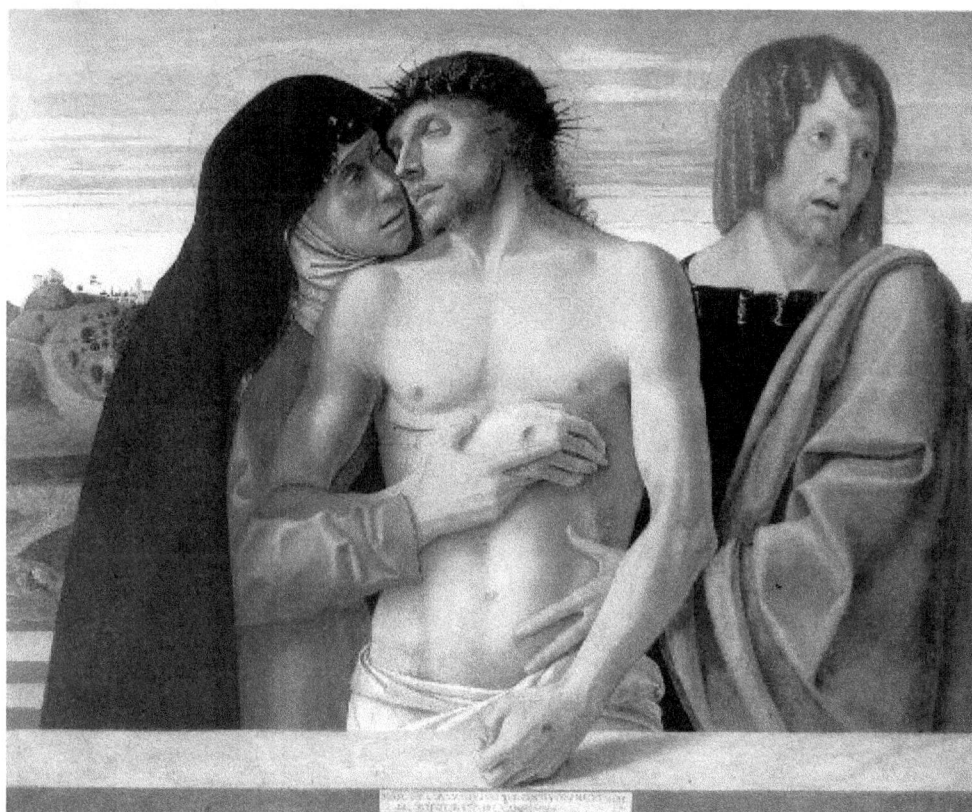

Se, infatti, da una parte esso può apparire come una barriera invalicabile che delimita lo spazio della scena sacra, dall'altra, sostenendo la mano ferita di Cristo, ancora dolorosamente contratta, esso consente al pittore di indicare al fedele la strada da percorrere per accedere a questa sfera divina, ovvero la meditazione sul sacrificio affrontato da Cristo per la redenzione dell'uomo.

Le figure sembrano poter versare lacrime vere. Inoltre: la vicinanza della mano di Cristo alla scritta tracciata dal pittore (alla base del parapetto) instaura un ulteriore confronto tra la mano piagata del Salvatore, che mostra il segno del sacrificio affrontato per amore degli uomini, e la mano dell'artista, il quale esprime la propria devozione con un'opera così intensa e carica di sentimento.

L'immagine ha un taglio orizzontale: ciò consente al pittore di inserire a sinistra uno scorcio di paesaggio che si sviluppa alle spalle del gruppo sacro (un corso d'acqua, una strada in terra battuta, una chiesetta, un borgo). Le sottile sfumature in cui si articola il cielo mostrano che il pittore, a quella data, aveva già sviluppato una notevole capacità di osservare e riprodurre gli effetti della luce naturale.

Il 3 Maggio 1808, di Francisco Goya y Lucientes

1814. Olio su tela, cm 266 x 345. Ubicato al Museo Prado di Madrid
martedì 29 aprile 2014

Poco dopo la disfatta di Napoleone, il consiglio di reggenza dava incarico a Goya di dipingere le azioni o le scene più nobili ed eroiche della insurrezione spagnola contro il tiranno d'Europa. L'artista scelse di dipingere due grandi tele illustranti la rivolta di Madrid contro i francesi., avvenuta il 2 Maggio 1808 e soffocata nel sangue il giorno successivo. All'alba del 3 Maggio vennero infatti fucilati tutti gli insorti del giorno precedente e tutti coloro che erano sospettati di aver partecipato alla sommossa.

Goya raffigura l'apice del dramma, il momento della fucilazione, con i patrioti in parte già caduti e in parte agonizzanti, mentre altri stanno per ricevere il piombo dei francesi. Goya sceglie di non rappresentare i volti dei soldati del plotone di esecuzione: uniformati nella posa dello schieramento militare, essi hanno perso ogni identità individuale e rappresentano solo un braccio disumano che agisce secondo un volere superiore. Gli uomini che attendono l'esecuzione sono invece rappresentati nelle loro diverse reazioni: pronti alla morte, ma con reazioni differenti.

Sullo sfondo notturno del cielo si staglia il profilo di una città, dove la sagoma ben riconoscibile di una chiesa può esser letta come la Chiesa che non riesce a difendere e a proteggere il suo popolo; forse anche la presenza di un religioso fra i condannati allude all'impotenza della fede di fronte alle grandi catastrofi della storia.

L'uomo che sta per essere giustiziato, al centro, richiama con le sue braccia aperte il Cristo crocifisso. Tutta la composizione ruota intorno alla figura dell'uomo inginocchiato con le braccia aperte, che costituisce anche la nota di colore più luminosa di tutto il dipinto: la luce della lanterna, che illumina con forza la sua camicia bianca, lo pone in contrasto con i toni scuri che gli sono intorno, grigi e bruni. La distribuzione delle luci accresce poi la carica drammatica di tutto il dipinto, soprattutto nel passaggio dalla luce all'ombra, che si attua con forte contrasto da sinistra a destra.

Il cambiavalute e sua moglie, di Marinus Van Reymerswaele

1539. Olio su tavola, cm 83 x 97. Museo del Prado, Madrid
martedì 6 maggio 2014

Nei primi decenni del Cinquecento si fece evidente in Europa una profonda trasformazione sociale: una nuova economia di tipo capitalista e borghese aveva di fatto sostituita quella di radice feudale, protagonista della quale era l'antica aristocrazia. Il commercio dell'oro e dell'argento favorì in particolare la creazione di nuove grandi fortune e Anversa divenne capitale di un fiorente mercato monetario, avvantaggiata in questo anche dall'imperatore Carlo V, che aveva tutto l'interesse a proteggere i finanzieri che sostenevano la sua politica di espansione in Europa e nel Nuovo Mondo.

Marinus, pittore olandese molto attento ai problemi sociali e religiosi degli anni della Riforma protestante, si inserì con le sue opere in una vivace corrente artistica che condannava esplicitamente l'avidità degli speculatori e dei banchieri. Furono quelle, dunque, le motivazioni che lo indussero a dipingere, con un'analisi impietosa, questa coppia di cambiavalute, più probabilmente usurai o esattori delle tasse. L'artista raffigura i due ricchi borghesi nell'atto di verificare con una bilancetta il peso esatto delle monete, che venivano spesso limate per ricavarne polvere d'oro.

Seduti l'una accanto all'altro, appoggiati su un tavolo coperto da una stoffa verde, confrontano il peso di un pezzo d'oro con quello di un piccolo disco e contano ansiosamente, con mani rapaci, le monete sparpagliate; la penna è pronta per annotare il risultato della pesatura. L'intensità dello sguardo con il quale la donna scruta attentamente le monete sfogliando il libro con le sue lunghe dita affusolate è segno evidente della sua avidità. Una luce nitida viene da sinistra, da una finestra che non vediamo.

Essa consente al pittore una descrizione analitica della realtà, nella quale sfoggia una prodigiosa maestria: agli oggetti viene conferita una sorta di consistenza "tattile". In particolare egli valorizza ogni dettaglio con un disegno minuzioso. Sul tavolo, in primo piano, sono riprodotti scrupolosamente i libri dei conti e i registri, la pena e la borsa vuota e poi la mensola di fondo, la candela spenta e i rotoli di carta sparsi all'interno della stanza.

Quanto ai due personaggi abiti colorati e ricchi, toni accesi, vistose pieghe delle stoffe e un copricapo per entrambi. Della tavola del Prado esistono varie repliche dello stesso Marinus con poche modifiche e varianti, riconducibili alla stessa epoca, gli anni Quaranta del Cinquecento.

Fanciulla in riposo, di Francois Boucher

1752. Olio su tela, cm 59 x 73. Alte Pinakothek Monaco
martedì 13 maggio 2014

La tela in esame è un esempio significativo non solo dell'arte di Boucher ma, in generale, della corrente del gusto rococò. Vi è raffigurata un fanciulla nuda, ornata solo da un elegante nastro di seta turchese che le incornicia il volto. Un soggetto ostentatamente disimpegnato che si offre allo sguardo dell'osservatore col solo intento di dilettarlo, concedendogli la possibilità di scrutare, quasi di spiare dal buco della serratura, un momento decisamente intimo. Fu grazie a opere di questo genere che Boucher ottenne un enorme successo nel corso della sua lunga carriera. Meglio di ogni altro, infatti, egli si fece interprete e portavoce dei gusti dell'aristocrazia gravitante intorno alla corte di Luigi XV. Specializzandosi in dipinti di soggetto profano, con sottili sfumature e allusioni erotiche, talvolta camuffate da contesti mitologici o pastorali, Boucher fu l'artista rococò per eccellenza: di questo stile la sua pittura esprime la frivolezza, l'atmosfera di lieta festosità, l'aspirazione a mantenere un tono leggero e galante che lo portò a evitare soggetti storici o religiosi e, sul piano stilistico, a prediligere un cromatismo morbido e delicato e l'impiego di linee curve e ondulate. In questo dipinto si noti l'incarnato madreperlaceo della fanciulla e le curve insistite del suo corpo, valorizzate dall'andamento curvilineo del divanetto su cui è distesa. Il lenzuolo stropicciato e scivolato a toccare il pavimento, che sottolinea la posizione in precario equilibrio della fanciulla, è uno dei dettagli su cui soffermarsi. Potrebbe forse alludere a un appassionato incontro d'amore appena concluso. In questa direzione sembra possibile leggere anche il dettaglio della rosa caduta a terra e, volendo ricamare di fantasia, la fanciulla intenta

185

a guardare verso sinistra, oltre la cornice del quadro, potrebbe essere colta nel momento in cui osserva il suo amante allontanarsi. Ma la grandezza di Boucher in realtà sta proprio in questo, il non volere raccontare storie in maniera esplicita, ma lasciare il senso dei suoi dipinti sospesi, aperti alla fantasia degli osservatori.

Papaveri, di Claude Monet

1873. Olio su tela, cm 50 x 65. Museo d'Orsay Parigi
martedì 20 maggio 2014

In questo 2014 si celebrano i 140 anni della nascita del movimento impressionista; infatti la prima mostra collettiva autonoma dei giovani impressionisti si tenne nel negozio del fotografo Felix Nadar, dal 15 Aprile al 15 Maggio di quell'anno. Il termine impressionista, si deve proprio a Monet che lo suggerì al curatore del catalogo Edmond Renoir, fratello del più noto Auguste, che lo ritenne molto appropriato per etichettare quelle tele nelle quali vi era una scarsa importanza del soggetto a scapito di una più immediata ricerca della percezione della natura.

Gli altri pittori accettarono la definizione di impressionismo; i critici di allora la usarono in termini talora dispregiativi ritenendo le opere appartenenti a questa corrente pittorica incolte e superficiali. La tela di cui ci occupiamo questa settimana fece parte dell'esposizione sopra citata. Uno degli elementi preponderanti è la luce che conferisce alla tela una sorta di visione accecata dal sole. L'obiettivo è quello di rappresentare un caldo pomeriggio assolato, risultato raggiunto attraverso una tecnica nuovissima, completamente autonoma dalle regole del tempo che prevedevano che il colore fosse subordinato al disegno.

Monet utilizza il rosso intenso dei papaveri, con cui punteggia a tratti la tela, per aumentare l'intensità complessiva della tavolozza. L'immagine è costruita direttamente con il colore e tutto il dipinto è dominato dal forte contrasto fra la profondità spaziale suggerita dal sentiero fra i campi e l'assoluta inconsistenza delle pennellate veloci, che creano vibranti effet-

187

ti di luce. Monet si consacrò volutamente al paesaggio sperimentando la cosiddetta "pittura all'aperto" tentando di conferire alle sue opere l'aspetto di visioni immediate cioè di riprodurre sulla tela la sensazione prima che la natura produce sulla retina dell'occhio umano. Nonostante le sue tele siano di piccole dimensioni grazie ai giochi di luce e colori sembra trovarsi dinanzi a finestre spalancate sulla campagna estiva ed assistere a gioiose vite all'aperto.

Più tardi, anche l'amico Renoir realizzò un dipinto molto simile a questo e mi riferisco a "Sentiero nell'erba alta", anch'esso conservato al Museo d'Orsay. Entrambi i dipinti presentano lo stesso motivo e la stessa composizione di figure nel paesaggio: due donne in cima alla collina e due in basso che si avvicinano allo spettatore, con l'effetto analogo di creare un senso di movimento lungo il sentiero in discesa.

Ritratto femminile, di Piero di Jacopo Benci detto Piero del Pollaiolo

1480 circa. Tempera su tavola, cm 48,9 x 35,2. Ubicato al Metropolitan Museum di New York
martedì 27 maggio 2014

Piero del Pollaiolo e Antonio del Pollaiolo. Fratelli, ma così diversi nel loro stile pittorico. Antonio, noto per il suo dinamismo, la vivacità, l'eclettismo, l'impatto forte che trasmetteva nei suoi lavori: Piero, più raffinato, più incline alla dolcezza. Questo "Ritratto femminile" rappresenta uno dei profili più straordinari del Quattrocento: il contorno, perfettamente disegnato, si staglia con eleganza sul fondo azzurro.

L'acconciatura dei capelli biondi, tirati indietro e raccolti sulla nuca secondo la moda del tempo, è fermata da una ricca decorazione di oro e perle, mentre il latteo incarnato della fronte e del collo assume sulle guance un colorito roseo, quasi infantile. Il realismo del ritratto, che descrive anche una lieve gobbetta sul naso robusto e il mento leggermente pronunciato, nulla toglie alla dolcezza e alla compostezza di questo bellissimo dipinto. La linea del profilo della donna diventa più spessa e scura all'altezza del naso e sul collo, dando maggiore incisività ai tratti somatici che spiccano contro la tempera azzurra dello sfondo.

La bocca, con il labbro superiore un poco sporgente, è un capolavoro di dolce sensualità, realizzato con pochi tratti di leggerissimo colore e, di nuovo, con un disegno di straordinaria maestria. La forma e il colorito delle labbra ricordano i petali di un piccolo fiore. Circa la protagonista del ritratto non si hanno certezze, ma le fonti più accreditate sostengono potrebbe trattarsi di Marietta

189

Strozzi appartenente a una famiglia fiorentina rivale dei Medici. Un analogo ritratto sia pur con sottili variazioni è custodito a Milano nel Museo Poldi Pezzoli.

Suonatore di liuto, di Michelangelo Merisi detto Caravaggio

1597. Olio su tela, cm 94 x 119. Ermitage di San Pietroburgo
martedì 3 giugno 2014

Un giovane è intento a suonare un liuto, con uno spartito musicale aperto sul tavolo di fronte a lui e sul quale spicca anche un vaso di vetro pieno di fiori che riflette una finestra. Caravaggio amò molto questo suo quadro a tal punto di venderlo solo al marchese Vincenzo Giustiniani, banchiere noto per essere un colto intenditore di musica. Il pittore è evidente comunque che frequentava ambienti raffinati ove il tema della musica, così come nel Cinquecento, era largamente rappresentato.

Nel quadro esibisce la sua straordinaria maestria di pittore di fiori e ci propone una delle sue toccanti immagini di bruni adolescenti vagamente efebici. La forma dominante nel quadro è quella ovale, che si osserva nel volto del suonatore, nella manica della sua veste bianca e nella rigida cassa del liuto. Di grandissima efficacia è la resa dei materiali di ogni elemento della composizione: la superficie riflettente del vaso di vetro scuro, i petali dei fiori su cui splendono gocce di rugiada, le diverse grane e consistenze della buccia dei vari frutti e lo spessore dei vari fogli dello spartito e del libro sottostante.

Su quest'ultimo sembra di poter leggere, in caratteri gotici, "Gallus": sarebbe dunque il trattato di musica pubblicato dal milanese Giuseppe Galli nel 1598. Secondo la critica, nei temi musicali rappresentati dal Caravaggio sarebbero da ricercare complessi valori simbolici, oltre a quello più consueto della relazione amore-musica. Questi ulteriori significati sono legati probabilmente all'evidente ambiguità della figura rappresentata, talvolta interpretata come un autoritratto dell'artista, ma anche come una fanciulla.

Ritratto di Maria Luisa di Parma principessa delle Asturie, di Anton Raphael Mengs

Olio su tela, cm 152 x 110, 1767 circa. Ubicato al Prado di Madrid
martedì 10 giugno 2014

Figlia di Filippo di Borbone, duca di Parma e Piacenza, la principessa Maria Luisa era giunta in Spagna nell'agosto del 1765; il 5 settembre di quello stesso anno sposò il principe Carlo, erede al trono, nella cappella del castello di San Ildefonso a La Granja. A causa del suo comportamento leggero e delle numerose relazioni che le erano state – più o meno a ragione – attribuite, la principessa si attirò presto l'ostilità della corte del suocero, che la sottopose a rigida sorveglianza. Quando nel 1788 il marito, debole di carattere e di poca esperienza, salì sul trono con il nome di Carlo IV, l'influenza dell'energica principessa si accrebbe enormemente.

Di carattere fiero e vigoroso, con volontà e intelligenza superiori a quelle del marito, ella riuscì infatti a imporgli l'ascesa del suo favorito, Manuel Godoy, che da soldato della sua guardia del corpo divenne primo ministro e principe de la Paz. I reali spagnoli furono detronizzati da Napoleone nel 1808 ed esiliati in Francia; Maria Luisa morì a Roma nel 1819, seguita poco tempo dopo dal consorte. Il ritratto di lei dipinto da Anton Raphael Mengs nel 1767 (ma preparato già da prima, in occasione del matrimonio) reca l'immagine di una donna altera, dalla grazia squisita e dalla raffinata eleganza esattamente così come ci viene presentata dalla storia. Il pittore tedesco, uno dei maggiori rappresentanti della corrente neoclassica, dopo un lungo soggiorno in Italia era stato chiamato in Spagna da Carlo III, che gli aveva affidato ruoli ufficiali e di ritrattista della corte.

Oltre a un'acuta penetrazione psicologica, l'artista mostra qui le sue doti pittoriche nei delicati effetti coloristici, modulati sulle tonalità del verde. La principessa veste un abito sfarzoso dalle stoffe leggere e indossa una preziosa parure di gioielli; appuntata al petto sfoggia la decorazione asburgica dell'ordine della Croce Stellata in omaggio al promesso sposo. La prospettiva dal basso, tipica del ritratto ufficiale, contribuisce a distanziare la figura e a rendere ancor più idealizzati i lineamenti del delicato giovane volto. In pendant con il ritratto di Maria Luisa, Mengs aveva dipinto anche quello del marito.

I due quadri sono identici nelle dimensioni e simili nel taglio compositivo, ma mentre la principessa, raffinata ed elegante, veste uno sfarzoso abito da cerimonia, Carlo si presenta vestito da cacciatore e sembra spento e distratto. Sullo sfondo di un cielo quasi di cipria, il volto di Maria Luisa appare come di preziosa porcellana, mentre quello del principe risulta particolarmente pallido, risaltando sul verde della vegetazione.

La danza del pan-pan al Monico, di Gino Severini

1911-1912. Olio su tela, cm 240 x 400. Replica eseguita tra il 1959 e il 1960. Museo Nazionale d'Arte Moderna Centre Pompidou – Parigi
mercoledì 17 settembre 2014

Gino Severini con questo quadro si accredita come il più autorevole rappresentante del futurismo in Francia. "Pan-pan a Monico" è una vera e propria bomba artistica dotata di una vera e propria carica rivoluzionaria definita da Apollinaire come "la più importante dipinta da un pennello futurista". La tela ha dimensioni monumentali e ci trasmette le sensazioni di una serata trascorsa al café chantant "Monico". Un caffè affollatissimo, dove ballerine dai costumi colorati si esibiscono al ritmo vorticoso di una musica assordante.

La rappresentazione della danza è un motivo chiave della poetica di Severini, meno interessato come altri futuristi al mito della macchina o ai temi urbani. La figura in movimento gli offre la possibilità di effettuare una scomposizione delle forme in tessere colorate, così che la superficie risulta come un campo di forze pulsanti e dinamiche, dove sembra riprodursi il suono della musica e il ritmo concitato del ballo. Nella parte inferiore dell'opera tre linee direttrici – costituite dai tavoli apparecchiati – indirizzano lo sguardo verso l'interno mentre, appena sopra, le figure di ballerine, spettatori, coppie danzanti, lo respingono all'esterno.

Inoltre, da un primo piano più realistico e descrittivo il quadro procede verso una progressiva scomposizione che arriva fino all'astrazione nella parte superiore. Molto probabilmente il dipinto è andato distrutto nel rogo dell'"arte degenerata", voluto da Adolf Hitler nel 1933. Severini sentì l'esigenza di effettuarne una replica molti anni dopo, per documentare, oltre che una vittoria simbolica dell'arte sulla censura, anche un'opera significativa per la sua carriera.

Dada, di Max Ernst

Olio su tela (1922-23). Cm 43,2 x 31,5, ubicato a Madrid, Museo Thyssen-Bornemisza
mercoledì 24 settembre 2014

Max Ernst è stato uno dei massimi esponenti del movimento del Dadaismo. Sorto a cavallo tra le due guerre mondiali, esso si prefiggeva una radicale critica della società dei benpensanti dell'epoca esprimendo un disgusto profondo verso un tipo di società che in fondo aveva soltanto prodotto, mascherata di perbenismo, solo esiti di morte e distruzione. Dunque è difficile comprendere il significato delle opere degli artisti dada, se si pensa che alla base della loro espressione artistica c'è solo la volontà di provocare uno shock nello spettatore.

E' un'arte-non arte, o meglio, un'espressione che fa della distruzione del tradizionale modo di fare arte il centro del suo messaggio. Ernst aderì al dadaismo soprattutto per quel senso di opposizione ai patriottismi e ai loro toni trionfalistici, virando verso la cosiddetta "poetica del caso" fortemente intrisa di riferimenti onirici. Come in "Dada" in cui aleggia un'atmosfera da sogno: oggetti di varia provenienza sono accostati in modo casuale come in un sogno che solitamente nasconde una trama complessa di significati.

Noi vediamo un uomo di spalle di fronte a tanti cerchi concentrici e a quella che sembra una canna di fucile; tutto intorno strani oggetti, una sorta di lampada formata da sagome assimilabili a frammenti anatomici. L'uomo di spalle sembra tendere l'orecchio, sembra in ascolto, come stesse vivendo premonizioni di future catastrofi belliche. Questo filone dadaista del sogno, della suggestione e soprattutto il potere fortemente evocativo di immagini isolate per esprimere sensazioni, stati d'animo o più spesso un senso d'inquietudine rappresentò una fonte inesauribile di stimoli artistici per altri pittori quali Marcel Duchamp e per certi versi anche René Magritte.

Il Biliardo, di Louis-Leopold Boilly

1807. Olio su tela, cm 56 x 81. Museo Ermitage di San Pietroburgo
mercoledì 1 ottobre 2014

Boilly era solito raffigurare la vita quotidiana della piccola e media borghesia, cronaca fedele dei cambiamenti politici e sociali della complessa epoca in cui visse, testimone, come fu, di ben due rivoluzioni. Il dipinto dell'Ermitage rappresenta una partita di biliardo a Parigi al tempo del primo Direttorio (1795-1799).

Il tavolo da gioco è collocato al centro della vasta sala, investito dalla luce che spiove dal lucernario; più che sull'esito della partita, l'attenzione maliziosa di alcuni spettatori s'indirizza verso la bella giocatrice al centro, china per tirare il colpo di stecca, mentre altri gentiluomini si scambiano commenti o corteggiano giovani dame. Descrivendo con dovizia di particolari la scena, l'artista appunta la sua vivace ironia sulla promiscuità del ritrovo mondano, in cui tutti sembrano intenti a sparlare e a cercare compagnia amorosa (persino i cani!), ma anche sulla licenziosa moda dell'epoca di cui fanno sfoggio le graziose figure femminili.

Esse sono per lo più vestite con delle tuniche, tipo alla greca, dalla stoffa leggera, maniche corte e profonde scollature; le vesti che indossano rendono l'idea di morbidezza e scioltezza. Una sorta di moda delle nudità, tipica del periodo del Direttorio, che condusse alla malattia molte donne importanti dell'epoca per le infezioni virali contratte per lo più a causa del freddo, fra le quali perfino Josephine, la prima moglie di Napoleone.

L'Arlesiana, di Vincent Van Gogh

1888. Olio su tela, cm 91,4 x 73,7. Metropolitan Museum di New York
mercoledì 8 ottobre 2014

Van Gogh, su consiglio dell'amico pittore Toulouse-Lautrec, si ritirò, sul finire del XIX secolo, ad Arles, mite cittadina a sud della Francia. Lì, fissò la sua residenza nella famosa "casa gialla", poi distrutta dai bombardamenti della Seconda Guerra Mondiale. I proprietari del locale caffè erano i signori Ginoux coi quali Vincent strinse una sincera amicizia.

Arles fu il luogo ove Van Gogh e l'amico/nemico Gauguin intrattennero dapprima una pacifica convivenza poi man mano sempre più complicata finché degenerò in un'aggressione a Paul Gauguin culminata nel celebre taglio del lobo sinistro e conseguente ricovero in ospedale di Van Gogh. Qui Vincent ricevette la visita sia del fratello Theo che di madame Ginoux che sia Van Gogh che Gauguin tempo prima avevano ritratto. Nella tela di Van Gogh la donna è raffigurata in un atteggiamento pensoso, con lo sguardo lontano, forse colta in un momento di riflessione su un passo del libro che sta leggendo. Il tutto in una dimensione irreale, quasi da sogno.

Il ritratto infatti è uno degli esempi più toccanti della poetica di Van Gogh, dolente e al tempo stesso trasognata. La superficie del ritratto di madame Ginoux, come del resto quella dei suoi più famosi dipinti, è monocroma, cosa che provoca potenti contrasti di colore. Le pennellate sono distribuite in modo non omogeneo, un po' come se il colore fosse colato direttamente dal tubo.

Si può notare infine la scarsa attenzione di Van Gogh verso gli elementi prospettici e le proporzioni: 1) il braccio della donna appoggia sul tavolo ma è come se fosse senza peso, 2) la testa sembra non avere contatto con la mano, sulla quale si suppone sia appoggiata, 3) il bracciolo della sedia non suggerisce alcun senso di profondità. La tela di Gauguin, che ritrae madame Ginoux, denominata "Café ad Arles", è invece ubicata al Museo Push-kin di Mosca.

Boulevard Montmartre, di Camille Pissarro

1897. Olio su tela, cm 74 x 92,8. Ermitage di San Pietroburgo
mercoledì 15 ottobre 2014

Parigi, a cavallo tra la fine dell'Ottocento e i primi del Novecento divideva. Sì, perché la capitale francese con le sue strade gremite da rumorosi passanti e dalle carrozze, nonché per i mercati, i caffè, i grandi palazzi, i parchi, se per qualche artista costituiva un polo di attrazione, per altri invece equivaleva a una ripulsa.

Così mentre ad esempio Monet vi fuggiva, per altri come Pissarro, la città divenne uno dei soggetti principali della propria arte. Egli soggiornava all'Hotel de Russie e dalla sua finestra eseguì ben tredici vedute del boulevard Montmartre catturato dai giochi di luce, dall'architettura, dal panorama e più in generale dalle grande animazione.

Un interesse, quello di Pissarro, per la vita moderna in genere, la cui massima espressione all'epoca era la quotidianità urbana. La versione dell'Ermitage del boulevard Montmartre è caratterizzata da un formato maggiore rispetto alle altre della stessa serie ed è senz'altro la più pregevole da un punto di vista complessivo del risultato.

Autoritratto con pelliccia, di Albrecht Dürer

1500, olio su tavola. Cm 67 x 49. Alte Pinakothek Monaco di Baviera
mercoledì 22 ottobre 2014

Durer gode di ampia fama nel mondo dell'arte soprattutto grazie alla mole di autoritratti da lui realizzati nel corso della sua carriera, attraverso i quali è possibile ripercorrere le tappe fondamentali della sua evoluzione. Autoritratto come strumento di affermazione di sé: nessun artista del suo tempo, né tedesco né europeo, ne dipinse tanti nella sua vita. Fonti autorevoli attestano che già all'età di tredici anni Durer ne realizzò ben due di pregevole fattura. Persino Raffaello scambiò alcuni suoi disegni con un autoritratto di Durer, lo stesso poi finì nelle mani di Giulio Romano (fonte Vasari).

Fra quelli conservati ai giorni nostri, l'ultimo in ordine temporale eseguito dall'artista, è "Autoritratto con pelliccia", che rappresenta Durer all'apice della carriera di artista e intellettuale. Egli ci appare come un uomo maturo e abbastanza sofisticato. La frontalità e la simmetria della rappresentazione rispondono più all'iconografia del Cristo, che a quella del ritratto. Una spiegazione di questa associazione può essere data dal fatto che Durer era vicino alla filosofia neoplatonica, secondo la quale l'artista ha una funzione sacra per la conoscenza e la rivelazione della verità delle cose. Pertanto in questo ritratto convivono realismo e spiritualità.

Notare anche la cura dei particolari: la fronte è alta e spaziosa, segno di una profonda vita interiore; negli occhi dell'uomo si vede il riflesso di una finestra, cosa che racchiude un significato simbolico, perché secondo un'idea molto diffusa negli scritti di un tempo, gli occhi erano considerati la finestra dell'anima. Attraverso gli occhi dunque è possibile percepire, proprio come attraverso due finestre, il mondo interiore di un uomo.

La Danza, di Henri Matisse

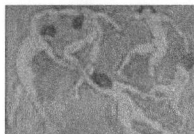

1909-10. Olio su tela, cm 260 x 391. Dal 1948 al Museo Ermitage di San Pietroburgo
mercoledì 29 ottobre 2014

Matisse trasse ispirazione per questo celebre quadro da una domenica pomeriggio trascorsa al Moulin de la Galette, rinomato locale nel quartiere parigino di Montmartre. Qui egli osservò soprattutto la "farandola", in cui i ballerini, tenendosi per mano, correvano attraverso tutta la sala, avvolgendo come un nastro gli avventori un po' sconcertati.

Se questo episodio suggerì il tono concitato del soggetto, secondo gli studiosi esso è carico di ben più complessi significati: ad esempio, eliminando ogni dettaglio superfluo nella descrizione delle figure e dell'ambiente in cui sono inserite, Matisse avrebbe proiettato la scena in un tempo mitico e lontanissimo, quando i primi uomini si abbandonavano a balli sfrenati che avevano il valore di riti sacri e con cui si sanciva il trionfo della vita sulla morte.

La composizione essenziale de "La Danza" è ispirata al girotondo che compare in lontananza nella "Gioia di Vivere", dipinto da Matisse tra il 1905 e il 1906. Ma nella tela dell'Ermitage ogni particolare superfluo è eliminato, a favore di uno schematismo intento ad esaltare soltanto il ritmo che poi è l'autentico tema del quadro. I colori sono violenti e rapiscono l'osservatore quanto la composizione: i corpi sono bruno-rossi delimitati da linee di contorno più scure, il prato è verde crudo, il cielo blu profondo.

207

La caduta dell'angelo, di Marc Chagall

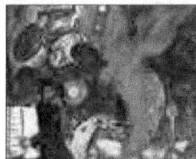

1923-1947. Olio su tela, cm 148 x 166, Basilea Kunstmuseum
mercoledì 5 novembre 2014

Il dipinto fu eseguito sostanzialmente durante gli anni della guerra; iniziato nel 1923, fu terminato solo nel 1947, mentre l'artista attraversava una fase di totale angoscia a causa dell'invasione della Russia da parte dell'esercito tedesco, avvenuta, fra l'altro, lo stesso giorno, il 23 giugno del 1941, in cui egli sbarcava in America. Nel dipinto è evidente la percezione di Chagall dell'addensamento delle nubi minacciose che incombono sul popolo ebraico.

I colori si scuriscono, le ombre aumentano e compaiono le effigi tragiche del Cristo crocifisso, della Madonna, accostata a quello dell'ebreo in fuga e del rabbino che cerca di salvare i rotoli della Torah. La figura del messaggero angelico si è trasformata in un'immagine demoniaca: il precipitare della creatura ribelle alla volontà di Dio. Una visione apocalittica del cosmo accentuata dal disordine che impedisce di distinguere le cose del mondo; la presenza simultanea del sole e della luna stanno a significare anch'esse l'eclissi del tempo. Una delle più superbe allegorie della tragedia ebraica in cui tutti i motivi portanti dell'iconografia chagalliana concorrono a simboleggiare il precipizio in cui il mondo del male trancia l'umanità.

Inoltre notiamo il bue impaurito e le immancabili case rurali della natìa Vitebsk, che rimandano ai ricordi dell'infanzia dell'artista. Nel 1923, quando il quadro fu iniziato, l'angelo caduto poteva forse significare, con la fine di Lenin, la caduta dell'angelo della rivoluzione, mentre nell'ultima versione del 1947 l'angelo era associato all'Uccello di fuoco di Stravinskij, messo in scena dal Ballet Theatre di New York, per cui l'artista aveva appena realizzato scene e costumi.

La Raffigurazione della Primavera, di Giovanni Segantini

1897. Olio su tela, cm 116 x 227, French & Company New York
mercoledì 12 novembre 2014

Il dipinto, altrimenti noto come "Primavera sulle Alpi", non vuole rappresentare una giornata di primavera, ma la raffigurazione della primavera in sé. Un'esplosione di colori, l'esteso piano, le montagne, la luce, i fiori, l'intensità del cielo, tutti elementi che rimandano all'armonia della natura, intesa nella sua eternità. Gli uomini e gli animali sono destinati alla morte (una donna dall'età indefinita cerca di tenere a bada due cavalli bizzarri – ricordandone la potenza della natura - mentre un cane salterella) mentre la natura è eterna, palcoscenico ove da sempre hanno luogo le gesta dei mortali.

La fede pertanto non è quella cristiana ma è data da questo panteismo, da questa idea di eternità della natura. Il quadro venne realizzato a Soglio in Val Bregaglia ove trascorse l'inverno del 1894, anno del trasferimento a Maloia. Notevole l'effetto cromatico: i verdi del prato, i marroni, i bianchi delle cime e il blu del cielo sono resi brillanti dall'utilizzo di tocchi di polvere d'oro, per restituire la rifrazione della luce montana.

Le nuvole in sequenza formano una sorta di arabesco lineare e sono tipiche del Simbolismo europeo. L'opera, infatti, può collocarsi nel cosiddetto simbolismo naturalistico ove è assente ogni forma di allegoria e l'espressione del risveglio primaverile è affidata alla nitidezza dei colori e al senso di energia e di vitalità emanati dalla composizione e dal disegno.

Madonna dal collo lungo, di Francesco Mazzola detto Parmigianino

1534-1539 circa. Olio su tavola, cm 219 x 135. Galleria degli Uffizi, Firenze
mercoledì 19 novembre 2014

La pala mostra una Madonna col Bambino, in atteggiamento distaccato sia pur sorridente, regale, dal lungo collo e graziosamente curvato. Rappresenta uno dei più celebri esempi del manierismo: sinuosità, eleganza delle figure e proporzioni allungate rispetto ai parametri rinascimentali della rappresentazione del corpo umano che prescrivevano equilibrate proporzioni.

Il collo lungo è tuttavia un attributo della Vergine fin dal Medioevo mutuato dall'inno mariano "Collum tuum ut colonna" (Il tuo collo come una colonna), ecco spiegata la fila di colonne sullo sfondo. Il pittore relega tutte le figure a sinistra e non disponendole ai lati del nucleo centrale, lasciando così un'ampia zona vuota sulla destra. L'andamento verticale della composizione è accentuato dall'alto colonnato di destra; le regole proporzionali della prospettiva sono ignorate, difatti, la figura in bas-

213

so a destra di un profeta (o secondo alcuni di San Girolamo) appare infatti troppo piccola in rapporto all'architettura.

Il colore sembra perdere di compattezza, diventa leggero, a tratti trasparente; sembra alludere a sostanze ignote, ecco forse perché i suoi contemporanei definirono il Parmigianino l' "alchimista". L'opera pertanto trasuda di anticlassicismo, si stacca dalle perfezioni rinascimentali per sancire l'inizio di una nuova corrente pittorica che vira verso la disarmonia, la deformazione, il tormento e l'irrealtà, ossia il Manierismo.

Ritratto di cavaliere, di Vittore Carpaccio

1510. Olio su tela, cm 218,5 x 151,5. Museo Thyssen-Bornemisza, Madrid
mercoledì 26 novembre 2014

Un enigmatico cavaliere domina solitario tutto il paesaggio circostante: posa fiera ed elegante, mano destra pronta a sfoderare la spada, sguardo assorto in tristi pensieri. La sua collocazione al centro del quadro, la sua armatura luccicante e il berretto nero che si staglia sul bianco delle nuvole, enfatizzano la sua presenza, ma al tempo stesso isolano la sua mesta fi-

gura dal vivace e variegato contesto naturale che lo circonda. Intorno a lui, Carpaccio ha dipinto con pazienza e fine descrittività (come avrebbe fatto un pittore fiammingo) un paesaggio brulicante di animali, in un contesto di una luce nitida tipica di una giornata primaverile.

Un piccolo foglietto appeso all'esile ramo secco di un ceppo sulla destra reca una scritta in cui si leggono la firma dell'artista e la data dell'opera "VICTOR CARPATHIUS PINXIT MDX". Quanto all'identità del cavaliere pare trattarsi del ritratto di un membro dell'ordine cavalleresco napoletano dell'Ermellino, a cui alluderebbe il piccolo ermellino bianco raffigurato nel margine sinistro, i colori dell'abito del paggio a cavallo in secondo piano e il motto "MALO MORI QUAM FOEDAR" che si legge sulla sinistra su un foglietto stropicciato appena caduto fra gli steli dei fiori e le piante.

Carpaccio, pittore celebre per la vena narrativa, per la rappresentazione minuziosa di vedute e interni veneziani e dunque profondamente legato alla tradizione artistica veneta del Quattrocento, in questo dipinto dà notevole importanza alla figura umana e meno al diletto della narrazione e pertanto possiamo dire che questo dipinto rappresenta per Carpaccio un importante momento di passaggio nel suo percorso artistico, adesso più incline alla celebrazione della monumentalità della figura umana.

Da alcuni dettagli presenti nel dipinto (la firma, la data, il motto moralistico, l'ermellino a sinistra, i gigli in primo piano, il pavone in equilibrio, il combattimento fra i due uccelli etc..) si possono evincere sottili allusioni alle alterne fortune che caratterizzano la vita e la carriera di un cavaliere o, come altri critici sostengono, è probabile che il ritratto rappresenterebbe un omaggio ad un importante personaggio scomparso.

Doppio segreto (Le double secret), di René Magritte

1927. Olio su tela, cm 114 x 162. Museo Nazionale d'Arte Moderna Parigi
mercoledì 3 dicembre 2014

Nel "Doppio segreto" Magritte raffigura con precisione uno sfondo azzurro, diviso tra mare e cielo, su cui campeggia un busto di donna, dalla pelle liscia e lucida, come il corpo dissezionato di una bambola. La sezione della figura, quasi uno strappo o un taglio, scopre

sulla destra un interno straniante: non organi umani, ma una materia metallica, fatta di cilindri e sfere, un motivo che Magritte propone frequentemente nelle sue opere, che in questo caso assumono un aspetto minaccioso, quasi si trattasse di un'invasione di parassiti.

L'enigma che reca l'immagine, un volto decontestualizzato, con uno sguardo fisso, viene intensificato dal suo raddoppiamento, che cela un corpo meccanico e inquietante. Magritte, il maestro dello straniamento della visione, costruisce un'immagine tanto meticolosa e nitida quanto assurda e inquietante. Uno sdoppiamento del soggetto come spesso avviene nei suoi quadri che offrono costanti contraddizioni di senso, di forme e di situazioni.

Così come sono da considerare doppi dell'autore altri suoi personaggi perfettamente uguali, come ad es. ne "Il pensiero che vede" del 1965, personaggi vestiti di grigio e con la bombetta, simboli dell'uomo borghese medio, grigio e senza volto, dunque senza identità, modelli di assoluta banalità, inseriti in situazioni improbabili, irreali a costituire veri e propri paradossi della visione.

Canto d'amore, di Giorgio De Chirico

1914. Olio su tela, cm 73 x 59,1, MoMA New York
mercoledì 10 dicembre 2014

Una tela molto misteriosa. Al primo impatto vien da chiedersi cosa raffigurano gli oggetti ritratti e qual è la relazione tra loro anche in considerazione del titolo, in apparenza così lontano da queste cose. Oggetti che sono simboli e metafore di altri significati, come il guanto che evoca il calco di una mano oppure una statua di gesso che richeggia l'Apollo del Belvedere. L'amore è un sentimento complesso fatto di istanti fuggevoli e inafferrabili, proprio come il fumo di un treno che si dissolve pochi istanti dopo il suo passaggio, una metafora che il pittore realizza disegnando sullo sfondo del quadro la sagoma di una locomotiva.

Dunque una pittura enigmatica quella di Giorgio De Chirico aperta a tutti i significati possibili, un po' come la poesia ermetica, che senza dare la chiave, apre infinite porte. Non dimentichiamoci che De Chirico opera in anni dominati dal futurismo permeato dal forte richiamo al progresso, alla velocità, all'ammirazione per le automobili; ecco che pertanto questo quadro possiamo dire che costituisce un caso isolato, quasi in controtendenza visto che esso conduce al classicismo e alla mitologia, tutto il contrario di quella esaltazione dei processi dinamici tipica del futurismo.

Qui gli oggetti sia pur statici, ci parlano; tra le arcate degli antichi portici e la piazza deserta captiamo la presenza di qualcuno che ci ha preceduto. Anche il fumo della locomotiva non è rappresentato in movimento ma è statico e ciò contribuisce ad esaltare non l'esperienza fisica dei fenomeni in movimento quanto l'aspetto metafisico, filosofico, sognante che ci parla attraverso la muta presenza degli oggetti.

219

Bibliografia

- **La Pinacoteca di Brera** (Skira, 2014), a cura di S. Bandera e L. Arrigoni.

- **Segantini** (Skira, 2014; collana Skira Masters).

- **I Grandi Musei del Mondo** (Gruppo Editoriale L'Espresso, 2012; La Scala Group Education)

- **Giuseppe Verdi e le Arti** (Electa, 2013).

- **Louvre Parigi** (Rizzoli/Skira, Il Corriere della Sera).

- **Modigliani, Soutine e gli artisti maledetti. La Collezione Netter** (Sole24ore cultura, 2013), a cura di Marc Restellini. Catalogo della mostra (Roma, 14 novembre 2013-6 aprile 2014).

- **L'Arte Italiana: pittura, scultura, architettura dalle origini a oggi** (Giunti, 1999) di Gloria Fossi, Marco Bussagli, Mattia Reiche.

Bibliografia di approfondimento, a cura di Francesca Sidoti

Bibiliografia generale e storie dell'arte

- Angiola Maria Romanini, L'arte medievale in Italia, Sansoni, 1988; 1996
- Georges Duby, Storia artistica del Medioevo, Laterza, 1996
- Giulio C. Argan, Storia dell'arte italiana, voll. I-III, Sansoni, 2002
- Giulio C. Argan, Achille Bonito Oliva, L'arte moderna 1770-1970-L'arte oltre il Duemila, Sansoni, 2002
- Giulio C. Argan, Walter Gropius e la Bauhaus, Einaudi, 2010
- Giulio C. Argan, Arte e critica d'arte, Laterza, 1984
- Giulio C. Argan, Bruno Contardi, Michelangelo architetto, Electa Mondadori, 2007
- Bruno Zevi, Saper vedere l'architettura. Saggio sull'interpretazione spaziale dell'architettura, Einaudi, 2009
- Manfredo Tafuri, Storia dell'architettura italiana (1944-1985), Einaudi, 2002
- Manfredo Tafuri, Francesco Dal Co, Architettura contemporanea, Electa Monadadori, 1977
- R. Bonelli, C. Bozzoni, V.P. Franchetti, Storia dell'architetura medievale, Laterza, 2012
- Giulio Bora, G. Fiaccadori, A. Negri, I luoghi dell'arte. Storia opere percorsi, voll. V-VI, Electa Mondadori, 2009
- Ernst H. Gombrich, La storia dell'arte, Phaidon, 2009
- Ernst H. Gombrich, Arte e illusione. Studio sulla psicologia della rappresentazione pittorica, Phaidon, 2008
- Ernst H. Gombrich, L'uso delle immagini. Studi sulla funzione sociale dell'arte e sulla comunicazione visiva, Phaidon, 1999
- Ernst H. Gombrich, Julian Hochberg, Max Black, Arte, percezione e realtà. Come pensiamo

le immagini, Einaudi, 2002
- Ernst H. Gombrich, Arte e progresso. Storia e influenza di un'idea, Laterza, 2004
- C. Bertelli, G. Briganti, A. Giuliano, Storia dell'arte italiana, Milano, Electa Bruno Mondadori, voll. 1-4, 2008
- P. De Vecchi, E. Cerchiari, Arte nel tempo, Voll. 1-3, Bompiani, 2000
- Michael Baxandall, Forme dell'intenzione, Einaudi, 2000
- Michael Baxandall, Pitture ed esperienze sociali nell'Italia del Quattrocento, Einaudi, 2000
- Gianni C. Sciolla, Studiare l'arte. Metodo, analisi e interpretazione delle opere e degli artisti, Utet università, 2010
- Antonio Pinelli, La bella Maniera. Artisti del Cinquecento tra regola e licenza, Einaudi, 2003
- Arnold Hauser, Le teorie dell'arte, Einaudi, 2001
- Arnold Hauser, Storia sociale dell'arte, voll. 1-4, Einaudi, 2001
- Marc Fumaroli, La scuola del silenzio, Adelphi, 1995
- Roberto Longhi, Da Cimabue a Morandi, Mondadori, 1982
- Roberto Longhi, Breve ma veridica storia della pittura italiana, Sansoni, 1992; Abscondita, 2013
- Roberto Longhi, Caravaggio, Editori Riuniti, 2006; Abscondita 2013
- Roberto Longhi, Piero della Francesca, Sansoni 2003; Abscondita, 2012
- Roberto Longhi, Fatti di Masolino e Masaccio, Abscondita, 2014
- Luciano Bellosi, Michelangelo pittore, Abscondita, 2014
- Luciano Bellosi, Come un prato fiorito. Studi su l'arte tardogotica, Jaca Book, 2000
- Luciano Bellosi, Cimabue, 24 Ore Cultura, 2004
- Francesco Abbate, Storia dell'arte nell'Italia meridionale, voll. 1-5, Donzelli, 2009
- Bologna Ferdinando, L'incredulità di Caravaggio e l'esperienza delle cose naturali, Bollati Boringhieri, 2006
- De Micheli Mario, Le avanguardie artistiche del Novecento, Feltrinelli, 2014
- Gillo Dorfles, Civiltà d'Arte, voll. 1-5, Atlas, 2014
- Gillo Dorfles, Arte. Artisti, opere e temi, voll. 1-3, Atlas, 2010
- Gillo Dorfles, Le oscillazioni del gusto. L'arte d'oggi tra tecnocrazia e consumismo, Skira, 2004
- Gillo Dorfles, Il divenire delle arti, Bompiani, 2002
- Gillo Dorfles, Ultime tendenze nell'arte d'oggi. Dall'informale al neo-oggettuale, Feltrinelli, 2001
- Gillo Dorfles, Artificio e natura, Einaudi, 1977;
- Jean Claire, Breve storia dell'arte moderna, Skira, 2011
- Denys Riout, L'arte del ventesimo secolo. Protagonisti, temi, correnti, Einaudi, 2002
- Otto Paecht, La pittura veneziana del Quattrocento. I Bellini e Andrea Mantegna, Bollati Boringhieri, 2005
- Otto Paecht, Van Eyck. I fondatori della pittura fiamminga, Einaudi, 2013
- Otto Paecht, La miniatura medievale, Einaudi, 2013
- Heinrich Woelfflin, Rinascimento e barocco, Abscondita, 2010
- John Ruskin, Pittori moderni, voll. 1-2, Einaudi, 1998
- Philippe Daverio, Il secolo lungo della modernità. Il museo immaginato, Rizzoli, 2013
- Philippe Daverio, Il secolo spezzato delle avanguardie. Il museo immaginato, Rizzoli, 2014
- Dizionario della pittura e dei pittori, Einaudi, voll. 1-6

Opere, scritti e testimonianze dirette: gli artisti

- M.P. Vitruvio, De Architectura, Studio Tesi, 2008
- Giorgio Vasari, Le vite, Passigli, voll. 1-4, 2011-14
- Piero della Francesca, De prospectiva pingendi, Le Lettere, 2005
- Leonardo da Vinci, Trattato della pittura, Giunti Demetra
- Leonardo da Vinci, Scritti, Rusconi, 2009
- Leon Battista Alberti, Il trattato della pittura (rist. anast. 1913), Carabba, 2012
- Leon Battista Alberti, De pictura, Polistampa, 2011
- Andrea Palladio, I quattro libri dell'architettura, Studio Tesi, 2008
- Henri Matisse, Scritti e pensieri sull'arte, Abscondita, 2003
- Pablo Picasso, Scritti, SE, 1998
- André Breton, Il surrealismo e la pittura, Abscondita, 2010
- André Breton, Manifesti del surrealismo, Einaudi, 2003
- Vasilij Kandinskij, Lo spirituale nell'arte, SE, 2005
- Vasilij Kandinskij, Punto, linea, superficie, Adelphi, 1968
- Vasilij Kandinskij, Franz Marc, Il cavaliere azzurro, SE, 1988
- Franz Marc, La seconda vista, SE, 2007
- Paul Klee, Diari 1898-1918, Il Saggiatore, 2010
- Paul Klee, Confessione creatrice e altri scritti, Abscondita, 2004
- Adolf Loos, Parole nel vuoto, Adelphi, 1992
- Le Corbusier, Scritti, Einaudi, 2003
- Giorgio de Chirico, Piccolo trattato di tecnica pittorica, Abscondita, 2013
- Umberto Boccioni, Pittura e scultura futuriste, Abscondita, 2006
- Umberto Boccioni, Scritti sull'arte, Mimesis, 2011
- Piet Mondrian, Tutti gli scritti, Mimesis, 2013
- Kazimir Malevic, Suprematismo, Abscondita, 2000
- Kazimir Malevic, Scritti, Mimesis, 2013
- Jackson Pollock, Lettere, riflessioni, testimonianze, SE, 2002
- Mark Rothko, Scritti sull'arte 1934-1969, Donzelli, 2007
- Aldo Rossi, L'architettura della città, Quodlibet, 2011
- Renato Guttuso, Scritti, Bompiani, 2013

Notizie

L'autore

Orazio Leotta (Messina, 1965), è giornalista (collabora tra l'altro con La Gazzetta Jonica e con **Girodivite**). Si occupa di cinema: direttore responsabile del trimestrale Cin&Media, cura la rubrica cinema di **Girodivite** per cui è stato inviato a Venezia e a Cannes, è direttore artistico del cineforum del Cinema Vittoria di Alì Terme. Oltre a essere sommelier, amante di calcio, del baseball (di cui è stato arbitro) e del rugby, ha una grande passione per la pittura e per l'arte.

Questo libro

Col volto reclinato sulla sinistra, di **Orazio Leotta** (Zerobook 2015): attraverso agili schede, un panorama della pittura Occidentale ed europea. Con linguaggio piano e essenziale, Leotta punta lo sguardo e ci fa ri-amare il meglio della produzione artistica e pittorica. Possiamo così riscoprire i capolavori dell'arte, da **Canaletto** a **Leonardo da Vinci**, da **Renoir** a **Gauguin**, da **Segantini** a **De Chirico**, aprirci a nuove curiosità e spunti, sentire il desiderio di metterci in viaggio per andare a vedere di persona le opere che qui vengono amorevolmente indicate. Come osservava **Jacques Bonnet** (*I fantasmi delle biblioteche*, 2009), si va al Louvre e poi di tutti i quadri visti si ricorda solo *La Gioconda*: è attraverso i libri che noi riusciamo a ricordare meglio, a far sì che ciò che si è visto diventi esperienza e ricordo. **Orazio Leotta** ha fatto tesoro della sua esperienza di appassionato visitatore di musei e mostre, e riesce a renderci partecipi di questo amore per l'arte e la bellezza.

www.ingramcontent.com/pod-product-compliance
Lightning Source LLC
Chambersburg PA
CBHW080848270326
41935CB00012B/1548